Die Rolle der Medien für die charismatische Herrschaft Hitlers

d|u|p

Die Rolle der Medien für die charismatische Herrschaft Hitlers

Yingyi Feng
冯颖懿

d|u|p

Bibliografische Information der Deutschen Nationalbibliothek
Die Deutsche Nationalbibliothek verzeichnet diese Publikation in der
Deutschen Nationalbibliografie; detaillierte bibliografische Daten sind
im Internet über http://dnb.dnb.de abrufbar.

© düsseldorf university press, Düsseldorf 2017
http://www.dupress.de
Satz, Layout und Umschlaggestaltung: Hannah Reller
Lektorat, Redaktion: Irmtraud Götz von Olenhusen
Herstellung: docupoint GmbH, Barleben
Der Fließtext ist gesetzt in Minion Pro
ISBN: 978-3-95758-051-1

Inhaltsverzeichnis

1. Einführung 7
2. Das Konzept charismatischer Herrschaft bei Max Weber 13
    2.1 Legitime Herrschaft 13
    2.2 Charismatismus 16
3. Hans-Ulrich Wehlers Erweiterung des Charisma-Konzepts 19
4. Medien im Nationalsozialismus von Clemens Zimmermann 23
5. Erweiterung des Charisma-Konzepts 25
6. Hitlers Aufstieg und Herrschaft 29
    6.1 Sozialer Hintergrund 29
    6.2 „Wunder" in Propaganda und Tat 36
    6.3 Ideologie und Unterhaltung 43
    6.4 Die Inszenierung von Hitlers Charisma 54
    6.5 Schreckensherrschaft 65
7. Schluss 77

Literaturverzeichnis 85
    Primärquellen 85
    Sekundärquellen 86
Abbildungsverzeichnis 89

1. Einführung

Dass einzelne Herrscherfiguren imstande sein können, ganze Gesellschaftsordnungen nach ihren Vorstellungen zu prägen, ist unter vormodernen Bedingungen kaum verwunderlich: Solange die Glaubensfundamente traditioneller Weltanschauungen stabil sind, ist die Autorität „gottgewollter" Herrschaft sakrosankt. Wundern müssen wir uns aber darüber, dass es auch in postmetaphysischen Zeiten immer wieder Fälle bedingungsloser, ja begeisterter Gefolgschaft gegenüber den Führungsansprüchen Einzelner gibt, die keinerlei Sonderstatus vorzuweisen haben. Weder Napoleon noch Lenin, Gandhi oder Khomeini waren durch ihre Herkunft für die Rolle des Staatenlenkers prädestiniert. Erst recht gilt dies für den obdachlosen Postkartenmaler Adolf Hitler. Warum konnte gerade er in kürzester Zeit zu den mächtigsten Führern des 20. Jahrhunderts aufsteigen und den von ihnen regierten Staaten den eigenen Willen aufdrücken? Die Beantwortung dieser Frage ist auch heute noch von Interesse, da Hitler – in Affirmation wie Abwehr – immer noch seinen Schatten auf die Tagespolitik wirft.

Ein geläufiges Erklärungsmodell für den rasanten Aufstieg Nichtprivilegierter zu politischen Autokraten ist das Konzept charismatischer Herrschaft, das Max Weber vor und während des Ersten Weltkriegs entwickelte – als habe er vorausgeahnt, dass es im weiteren Geschichtsverlauf noch große Bedeutung erlangen würde. Obwohl es schon annähernd 100 Jahre alt ist, findet es unverminderte, in jüngster Zeit sogar vermehrte Anwendung auf Hitler (vgl. Rees 2012).

Es gibt keine Belege dafür, dass Hitler und Weber sich persönlich begegnet wären. Aber wie der Soziologe Norbert Elias anlässlich des 100. Geburtstages von Adolf Hitler 1989 im Beitrag „Der charismatische Herrscher" erörtert, ist es kein Zufall, sondern ein Zeichen der Zeit, dass Theorie und Praxis in dieser Hinsicht die gleiche Spur verfolgten. Er schrieb:

> In der gleichen Periode, in der Adolf Hitler in der politischen Arena seinen Aufstieg zum Führer der Deutschen vorbereitete, veröffentlichte der bedeutende Soziologe Max Weber ein groß angelegtes Werk, in dem er unter anderem eine Theorie der charismatischen Herrschaft entwickelte. Er schuf diesen Begriff für eine Erscheinung des gesellschaftlichen Lebens, die bisher ohne Namen geblieben war. (Elias 1989, S. 42)

In Deutschland entstand nach 1933 vorübergehend ein völlig neues Gesellschaftssystem. Viele Historiker und auch Psychoanalytiker schildern Hitlers Leben und erklären Ursachen, Hintergrund und Entwicklung der NSDAP. Sie versuchen zu enträtseln, wie es Hitler gelingen konnte, sowohl im einfachen Volk, auf der politischen Bühne, große Begeisterungsstürme auszulösen als auch einen großen Teil der gesellschaftlichen Eliten (Militär, Politik, Wirtschaft, sogar

Teile aus Kultur und Klerus) für sich zu vereinnahmen und dabei einen straff organisierten Machtapparat zu etablieren und ihm vorzustehen. Viele Historiker vermuten hinter dieser Überzeugungskraft gegenüber ganz unterschiedlichen Bevölkerungsteilen einen stark entwickelten Machtinstinkt, eine Art politisches Genie, das eben gerade nicht im Rahmen jahrelanger Übung in traditionellen politisch-militärischen Kaderschmieden geformt wurde. Nach Hans-Ulrich Wehler erzeugte der Charismatiker Hitler die fanatische Hingabe seiner Anhänger und von Millionen Deutschen durch seine „Leistungen" (Wehler 2007, S. 177). Der Aufstieg Hitlers an die Spitze der NSDAP verwirkliche sich vor allem durch sein rhetorisches Talent, einer ungewöhnlich großen Redebegabung. Er war – je nach Einstellung – ein Volksredner, Hetzredner oder Demagoge. Seine Redekunst sei zum wichtigsten Instrument für seinen Aufstieg und auch für den seiner Partei geworden (vgl. Wehler 2007, S. 177).

Meine Masterarbeit wird versuchen, der charismatischen Herrschaft in Deutschland während des Dritten Reichs nachzuspüren. Vor dem Hintergrund der Phase nach 1918 werden mehrere Ebenen charismatischer Herrschaft erörtert. Eine gründliche Einführung in Definitionen, Geschichte und Glauben an charismatische Herrschaft sowie in Charismatismus allgemein stammen von Max Weber (2009, S. 132 und S. 221). Auf dieser Basis analysiert Hans-Ulrich Wehler Hitlers charismatische Herrschaft im Spiegel des Weber'schen Konzepts. Clemens Zimmermann wiederum ist auf das Thema Medien im Nationalsozialismus eingegangen. Die drei Theorien werden in meiner Arbeit vorgestellt. Max Weber hat vor mehr als 100 Jahren das theoretische Modell der charismatischen Herrschaft entworfen. Neben dem Konzept Wehlers war die Methode der materialischen Dialektik verpflichtet, die Politik auch vor dem jeweils bestehenden sozioökonomischen Hintergrund zu erklären. Er legte überzeugend dar, dass dieser eine unverzichtbare Voraussetzung für den Aufstieg eines Charismatikers ist. Ausgehend von den Theorien Webers und Wehlers werde ich den propagandistischen Medieneinsatz im Dritten Reich untersuchen. Der Schwerpunkt meiner Ausführungen liegt auf der Analyse der medialen Propagandainstrumente der NSDAP, die sich auf deren ideologischen Konzepte, ihren politischen Zweck und die (intendierte) meinungsbildende Auswirkung auf die Rezipienten konzentriert. Es geht dabei zentral um die Fragen: Besaß Hitler als Charismatiker eine genuine Begabung und nicht-erlernbare Kompetenz? Wie profilierte sich Hitler als ein Charismaträger? Welche Rolle spielten die Medien im historischen Prozess? Ich kann diesen umfangreichen Fragen selbstverständlich in einer Masterarbeit nicht in allen Details nachkommen; aber ihnen ein Stück weit über die exemplarische Analyse hinaus nachzuspüren, ist Ziel der Arbeit.

Als Primärquellen stehen Medienprodukte wie Plakate, Filme, Zeitungsartikel und Fotografien, sowie Hitlers Redetexte zur Verfügung. Da es bis 1939 weniger als 500 Fernsehgeräte in privater Hand gab und die Anzahl der sogenannten Fernsehstuben stark begrenzt blieb, zumal auch das Fernsehprogramm in der zweiten Hälfte der 30er Jahre nur wenige Stunden pro Tag umfasste sowie nach dem Kriegsausbruch die technische Entwicklung des Fernsehens auf den „militärischen Zweck" reduziert war, verzichtet diese Arbeit auf die Auseinandersetzung mit dem Fernsehen (vgl. zur NS-Fernsehentwicklung näher Hickethier 2004).

Die Plakate wurden von der NSDAP zu propagandistischen Zwecken eingesetzt. Sie geben Einblick in die Propaganda-Konzepte der NSDAP in verschiedenen Perioden. In dem Bemühen, der NSDAP zum Aufstieg zu verhelfen, richtete sich die Propaganda im Zeitraum vor der ‚Machtergreifung' auf die Krise der Weimarer Republik und die Bedürfnisse der Wählerinnen und Wähler; nach der Machtübergabe sollten die Plakate für die Verbreitung nationalsozialistischer Ideologie in alle Bevölkerungsteile sorgen, auch jene, die Hitler nicht gewählt hatten. Die Analyse der Plakate soll im Zusammenhang mit der Auseinandersetzung um den sozialen Hintergrund erfolgen, damit klarer erkennbar wird, warum diese Botschaften allein noch nicht die intendierte Wirkung zu verbreiten vermochten.

Der Dokumentarfilm von Leni Riefenstahl „Olympia" und ihr Propagandafilm über den Reichsparteitag in Nürnberg, „Sieg des Glaubens", werden in der Untersuchung besonders hervorgehoben. Sie enthalten deutliche Elemente der Selbststilisierung Hitlers und der NSDAP. In der Analyse geht es um die Frage, wie Riefenstahl die nationalsozialistische Ideologie und den Führerkult künstlerisch innovativ ästhetisiert. Leni Riefenstahl hat nämlich durch künstlerische Strategien in Form von Hintergrundmusik, Kameraeinstellungen und den Gebrauch sogenannter ‚Leerstellen' Hitlers Charisma inszeniert. Das Konzept der Präsentation von Macht auf staatlichen Veranstaltungen wird gerade an diesem Filmbeispiel „Sieg des Glaubens" analysiert.

Sehr viel subtiler verfolgen fiktionale Spielfilme das Ziel, nationalsozialistische Botschaften zu platzieren. Zwei Kinospielfilme, „Die große Liebe" aus dem Jahr 1942 und „Wunschkonzert" von 1940, werden als Beispiele für die von dem Propagandaministerium konzipierten Unterhaltungsfilme herangezogen. Sie sind authentische und bedeutende Primärquellen, in denen die Veränderung der Propagandakonzepte nach dem Kriegsausbruch deutlich zu erkennen ist.

Die Programmschrift Hitlers „Mein Kampf" hatte schon in der Weimarer Republik viele Diskussionen ausgelöst und gilt in dieser Arbeit als wichtige Primärquelle, mit der die NS-Ideologie und Hitlers eigene Stilisierung als Charismatiker besser verstanden werden können. Viele spätere politische Propaganda-Konzepte des NS-Regimes leiten sich aus Gedanken Hitlers in „Mein Kampf" ab. Es gab einen engen Zusammenhang zwischen Hitlers Selbststilisierung als Charismatiker in „Mein Kampf" und der Werbestrategie der NSDAP, die Mobilisierung der Massen einzuleiten mit dem Ziel, eine Volksbewegung zu forcieren. Die Einbeziehung von historischen Forschungsquellen zu den machtpolitischen Abläufen vor und nach der Ernennung Hitlers zum Reichskanzler dient als fundierte Grundlage dafür, die politische Praxis der Machtübergabe mit der Selbststilisierung Hitlers als Charismatiker und dem theoretischen Entwurf für eine neue Gesellschaftsordnung in „Mein Kampf" zu vergleichen und herauszuarbeiten, wie stark die institutionellen Veränderungen auf das Ausgangsziel hinwirkten, die Demokratie der Weimarer Republik abzuschaffen und eine charismatische Herrschaft aufzubauen – eine solche war ohne den parallel vollzogenen Terror gegen Andersdenkende (vor allem Kommunisten, Sozialisten und Gewerkschaftler) undenkbar. Gleichzeitig zeigen historische Forschungsergebnisse, wie Hitlers Gedanken in „Mein Kampf", besonders in Bezug auf die Rassen-Ideologie, später in konkreter Gestalt der Förderung des kulturellen Betriebs im Land ihren sichtbaren Ausdruck erfahren, z. B. dadurch, dass einerseits die heroischen und ‚germanischen' Kunstwerke durch Politik und Gesetz geschützt werden und dass andererseits die ‚Säuberung' von jüdischen Verbänden über die Gründung von Kulturabteilungen im Propagandaministerium durchgeführt wurde. Außerdem nimmt Hitlers Rassenlehre in „Mein Kampf" Einfluss auf bildende Kunst, Architektur, Musik, Theater, Rundfunk und Film im Dritten Reich. Die nationalsozialistische Weltanschauung bot eine Basis dafür, den Wunsch nach Stärke und Größe durch einen gesunden Körper auszudrücken und ästhetisch zu überhöhen, wie das durch das Schönheitsideal des ‚arischen' Menschenkörpers versucht wurde, zu versinnbildlichen.

Hitlers Redetext „Appell an die Nation" in Bezug auf die Reichstagswahl am 31. Juli 1932 und die Rede selbst auf der NSDAP-Versammlung in Dresden (1932) werden als Primärquelle für die Auseinandersetzung mit der Frage nach Hitlers Charisma herangezogen. Ist Hitler wirklich ein Charismatiker, ein Hetzredner und Demagoge mit rhetorischem Talent? Was macht die Zauberkraft von Hitlers Reden aus? Der Entwurf von Max Weber über Charismatiker und die theoretische Erweiterung von Wehler fungieren als Grundlage, Hitlers Redeauftritte im historischen Kontext zu analysieren und herauszufinden, wie

Hitler in der Rede durch Akzentuierung der Ohnmacht der Weimarer Regierung und durch das Versprechen auf ein Wunder sein Charisma entfaltete, und inwieweit das Weber'sche Charisma-Modell die Realfigur Hitler erklären kann, jene Figur, die für das Bürgertum und die alten Eliten, den Hoffnungsträger der Nation verkörperte, die den Deutschen die Freiheit vom Joch der Reparation versprach und die in den Anfängen des Zweiten Weltkriegs schnelle und große Siege als höchster Befehlshaber feierte. Weitere Sekundärquellen historischer Forschungen werden einbezogen, um dem Einfluss des historischen Hintergrunds auf die Wirkung seiner Rede und die Inszenierung Hitlers Charismas durch choreografierte Versammlungen und gesteuerte Zusammensetzung des Auditoriums für den Redeauftritt nachzuspüren.

Die Inszenierung des Charismas lässt sich auch anhand der Fotografien von Heinrich Hoffmann unter den Aspekten der künstlich-künstlerischen Erhöhung und der Wahrnehmung der Rezipienten unter Zuhilfenahme grundlegender Erkenntnisse von Le Bon und Freud analysieren. Im Vordergrund steht die Frage, wie das Charisma des Führers durch Eingriffe in die Inszenierung und Choreografie der Massenveranstaltungen vor Ort und durch die nachträgliche Reproduktion als ausgewählte Bildausschnitte im Foto betont wird.

Wenn es im letzten Kapitel um das Thema der Judenverfolgung im Dritten Reich geht, stehen auch hier die rassistischen Propagandakonzepte der NSDAP gegenüber den Juden im Mittelpunkt. Eine kleine Auswahl an antisemitischen Medieninhalten, wie Artikel der Wochenzeitung „Der Stürmer" und Spielfilme wie „Jud Süß", wird als Primärquellen analysiert, um herauszufinden, mit welchen inhaltlich-ästhetischen Mitteln das NS-Regime Angst vor den Juden und der von ihnen angeblich ausgehenden Bedrohung teilweise erst erzeugte und dabei Hass, Wut und rassistische Hetze unter der Bevölkerung extrem verstärkte. Die Analyse richtet sich auf die dramaturgischen Konzepte der Propagandafilme und zeigt am Beispiel der deutschen Ärzteschaft, wie die NSDAP deren Leitlinien mit dem sozialdarwinistischen Zeitgeist verband, um den Massenmord gegenüber der jüdischen Volksgemeinschaft zu realisieren. Durch die Auseinandersetzung mit den antisemitischen Medienangeboten werden judenverachtende Stereotype freigelegt, die die Juden als feigen, geizigen, heuchlerischen und habgierigen Teil der Bevölkerung brandmarken, um darüber die Judenverfolgung zu rechtfertigen. Dabei wird die antijüdische Propaganda im Zusammenhang mit der Verdrängung der Juden aus dem Wirtschaftsleben und der in NS-Deutschland erlassenen antisemitischen Gesetze analysiert, um herauszufinden, wie das NS-Regime die Medien für die Judenverfolgung instrumentalisierte.

Zur vergleichenden Perspektive sollen auch Stimmen herangezogen werden, die das Charismakonzept, so wie es von Max Weber erstmalig vertreten wurde, kritisch hinterfragen. Es geht darum, die Grenzen des Konzepts am konkreten Fall des Hitler-Regimes zu benennen, aber auch gleichzeitig seine Leistungsfähigkeit bis zu dessen Grenzen auszuloten.

2. Das Konzept charismatischer Herrschaft bei Max Weber

Charismatische Herrschaft in der Politik hat heute keinen guten Ruf. Das zeigt sich etwa im Zusammenhang mit dem „Charisma" Wladimir Putins. In westlichen Medien wird er als ein Selbstdarsteller charakterisiert, der in den von ihm selbst gleichgeschalteten Medien als Bewahrer groß-russischer Traditionen und Werte auftritt und dabei recht unverblümt entsprechende Hegemonialansprüche erhebt. Zumindest in den westlichen Medien werden die russische Regierungspolitik und Putin quasi gleichgesetzt. Allerdings ist das, was der deutsche Soziologe Max Weber im frühen 20. Jahrhundert als „charismatische Herrschaft" definierte, nicht nur eine außeralltägliche und insofern schwer zu fassende persönliche Qualität, sondern eine politische Form, die immer auf dem Zusammenspiel von Charismatikern und ihren Jüngern bzw. Anhängern beruht. Meine Untersuchung wird dies zunächst an Webers klassischer Lehre aufzeigen.

Diese ist auf zwei Passagen in seinem Grundlagenwerk „Wirtschaft und Gesellschaft" (Weber 1922) verteilt: In Kapitel III des Ersten Teils (ebd., S. 122–176) identifiziert Weber zunächst drei Idealtypen „legitimer Herrschaft" – die „bürokratische", die „traditionale" und die „charismatische" –, bevor er die charismatische Herrschaft hinsichtlich ihrer „Merkmale und Vergemeinschaftungen" anhand historischer Beispiele eingehender untersucht (ebd., S. 140 ff.). Dabei stellt er immer wieder klar, dass charismatische Herrschaft vom Glauben an ihre Sinnhaftigkeit von den Beherrschten strukturell getragen werden muss. Die zweite Passage findet sich in den Kapiteln IX und X des Dritten Teils (ebd., S. 753–778). Hier wird der „Charismatismus" theoretisch-modellhaft analysiert und im Kern auf den Glauben unter den Anhängern in einer Gemeinschaft zurückgeführt.

2.1 Legitime Herrschaft
Weber entnahm den Charismabegriff der religionshistorischen Debatte, die zu seiner Zeit lebhaft geführt wurde. Darin ging es vor allem um die Frage, inwiefern die „Gnadengabe" – so die Wortbedeutung von Charisma – bei den urchristlichen Gemeindeführern, später auch den alttestamentarischen Propheten, als auffälliges Merkmal religiösen Talents fassbar sei (vgl. Wehler 2007, S. 176). Das Interesse des Soziologen richtete sich allerdings auf andere Merkmale; ihm ging es darum, ein wertneutrales Modell von Herrschaft zu entwerfen. Wegen dieser Differenz wird Webers Wortwahl gelegentlich kritisiert. So schreibt der Soziologe und Historiker Norbert Elias:

> Das griechische Wort ‚charisma' weist auf eine besondere, göttliche Begnadung hin. Man verbindet mit ihm eher Alexander den Großen als Adolf Hitler. Dennoch sind für beide Arten der charismatischen Herrschaft bestimmte gemeinsame Züge charakteristisch, so etwa die fast bedingungslose Hingabe der Geführten oder das teilweise Verlieren des Realitätssinnes. Auch im alltäglichen Gebrauch lenkt das Wort Charisma die Aufmerksamkeit mehr auf positiv bewertete Züge des Charismaträgers. (Elias 1989, S. 43)

Plausibel wird Max Webers Wortwahl allerdings vor dem Hintergrund seines übergeordneten Anliegens, idealtypische Modelle der Herrschaft über große Gemeinschaften zu definieren:

> An Legitimitätsgründen der Herrschaft gibt es, in ganz reiner Form, nur drei, von denen im reinen Typus jeder mit einer grundverschiedenen soziologischen Struktur des Verwaltungsstabs und der Verwaltungsmittel verknüpft ist. Die drei Typen der legitimen Herrschaft sind bürokratische, traditionelle und charismatische Herrschaft. (Weber 1922, S. 220)

Die Grundvorstellung der bürokratischen Herrschaft ist,

> dass beliebiges Recht durch formal korrekt gewillkürte Satzung geschaffen und abgeändert werden kann. [...] Gehorcht wird nicht der Person, kraft deren Eigenrecht, sondern der gesetzten Regel, die dafür maßgebend ist, wem und inwieweit ihr zu gehorchen ist. Auch der Befehlende selbst gehorcht, indem er einen Befehl erläßt, einer Regel: dem Gesetz oder Reglement, einer formal abstrakten Norm. (Ebd., S. 218)

Als aktuelles Beispiel für bürokratische Herrschaft nach Weber lässt sich das politische System der Bundesrepublik Deutschland heranziehen. Denn es beruht auf den von der Exekutive verwalteten und bei unabhängigen Gerichten einklagbaren Strukturprinzipien der unantastbaren Menschenwürde, der Demokratie, der Rechtsstaatlichkeit, des Föderalismus sowie des Sozialstaats (vgl. Art. 1, 20 GG).

Der zweite Idealtypus, die traditionale Herrschaft, charakterisiert Weber als „patriarchalisch" (Weber 1922, S. 130–140). Sie beruht auf dem Glauben an die Heiligkeit der von jeher „vorhandenen Ordnungen und Herrengewalten". Der Typus des Befehlenden ist der „Herr", der des Gehorchenden der „Untertan". Was in der bürokratischen Herrschaft der Verwaltungsstab ist, wird hier von den „Dienern" gebildet, deren Loyalität sich nicht in der Erfüllung sachlicher Amtspflicht und Amtsdisziplin zeigt, sondern in „persönlicher Dienertreue und Pietät". Auch die Diener bilden einen Verwaltungsstab, in dem sie je nach Staatswesen zwei unterschiedliche Stellungen einnehmen:

> 1. Die rein patriarchale Struktur der Verwaltung: Die Diener sind in völliger persönlicher Abhängigkeit vom Herrn, entweder rein monarchisch rekrutiert: Sklaven, Hörige, Eunuchen, oder extrapatrimonial aus gänzlich rechtlosen Schichten: Günstlinge, Plebejer. 2. Die Ständische Struktur: Die Diener sind nicht persönliche Diener des Herren, sondern unabhängige, kraft Eigenstellung als sozial prominent geltende Leute. (Ebd., S. 220)

Den dritten Typus, die charismatische Herrschaft, hebt Weber durch folgende Charakteristika von den beiden vorigen ab: Sie existiert

> kraft affektueller Hingabe an die Person des Herrn und ihre Gnadengaben (Charisma), insbesondere: magische Fähigkeiten, Offenbarungen oder Heldentum, Macht des Geistes und der Rede. Die Charismatiker sind für ihn die „natürlichen Leiter in psychischer, physischer, ökonomischer, ethischer, religiöser und politischer Not [...] weder angestellte Amtspersonen, noch Inhaber eines als Fachwissen erlernten und gegen Entgelt ausgeübten Berufs im heutigen Sinne des Wortes, sondern Träger spezifischer, z. B. übernatürlich [...] gedachter Gaben des Körpers und des Geistes. (Ebd., S. 221)

Die Charismaträger müssen, „um ihrer Sendung genügen zu können, außerhalb der Bande dieser Welt stehen" (ebd.). Reinste Typen sind diesbezüglich Herrschaftsausübungen des „Propheten, des Kriegshelden, des großen Demagogen" (ebd.). In diesem Sinne beruht charismatische Herrschaft „auf der außeralltäglichen Hingabe an die Heiligkeit oder die Heldenkraft oder die Vorbildlichkeit einer Person und der durch sie geschaffenen Ordnung" (ebd.). Sie ist keine kurzlebige Despotie, sondern eine soziale Dauerbeziehung zwischen Gesellschaft und dem Charismatiker.

Bemerkenswert an dieser Charakterisierung Webers ist, dass er Gesellschaftskonstellation und charismatische Persönlichkeit nicht etwa polarisiert gegenüberstellt, sondern analytisch vermittelt (vgl. Wehler 2007, S. 177). Wenn er etwa konstatiert, dass Charismatiker in der Lage sind, einen gesellschaftlichen Sprung herbeizuführen, „die Entwicklung auf ein neues Gleis zu lenken" (Weber 1922, S. 221), betont er zugleich, dass es die Gefolgschaft ist, die solche Herrschertaten ermöglicht. Dem Führer als Typus des Befehlenden korreliert der Jünger als Typus des Gehorchenden. Der Gehorsam gilt freilich dem Führer ganz persönlich, nicht seiner Stellung oder traditionellen Würde. Auch wenn der staatlichen Verwaltung jede Orientierung an Regeln fehlt und Rechtmäßigkeit allein auf der Verkündung durch den Herrn beruht (vgl. ebd.), steht der Charismatiker doch in Abhängigkeit von seiner Gefolgschaft: „Wenn er von seiner Führerqualität beraubt ist, fällt seine Herrschaft dahin" (ebd.).

Allein unter Zuhilfenahme der drei von Weber ausgemachten Herrschaftsformen liegt der Gedanke nahe, Adolf Hitler der letzten Kategorie, also der charismatischen Herrschaftsform, zuzuordnen, denn unser Bild aus dem Geschichtsunterricht weist ihm weder das nachhaltige Bemühen nach, transparente und für alle gesellschaftlichen Gruppen verbindliche Regeln zu etablieren, noch stand er in der Tradition unverrückbarer und damit göttlicher Hierarchien qua Herkunft, worauf sich absolutistische Monarchen wie Louis XIV. beriefen.

2.2 Charismatismus

Die menschliche Geschichte ist nicht so sehr vom Ringen des Menschen mit der Natur geprägt sondern vom Kampf einer Menschengemeinschaft mit anderen leitenden Gewalten (vgl. Weber 2009, S. 132). Die folgenden Kapitel gehen dem Phänomen der charismatischen Herrschaft genauer nach und nehmen dabei ihre „Begleiter", die Zwiespältigkeit und die Autorität, in den Blick.

Die charismatische Autorität ruht auf dem „Glauben" an den Propheten, der „Anerkennung", die der „charismatische Kriegsheld, der Held der Straße oder der Demagoge persönlich findet" (ebd., S. 133). Glaube ersetzt Vernunft, zumindest auf der obersten strukturellen Ebene der Vergemeinschaftung, also des gemeinschaftlich geteilten Leitprinzips. Gleichwohl leitet sie ihre Autorität nicht etwa aus dieser Anerkennung durch die „Beherrschten" ab (ebd.), „sondern umgekehrt: Glaube und Anerkennung gelten als Pflicht, deren Erfüllung der charismatisch Legitimierte für sich fordert, deren Verletzung er ahndet" (ebd.). Dieses Prinzip ergibt sich also weder durch „Anstellung oder Absetzung", „Karriere oder Gehalt" noch durch „Kontroll- oder Berufungsinstanz", vielmehr macht der Gedanke der „Anerkennung" den Kern der Herrschaft aus. Die innere „Anerkennung" der Anhänger liefert die Basis dafür, dass der Führer „Volkssouveränität" proklamiert, denn seine Herrschaft verdankt sich ganz unmittelbar der Anerkennung. Im altchristlichen Sinn ist die „Anerkennung" dem religiösen Glauben ähnlich. „Der Träger des Charismas ergreift die ihm angemessene Aufgabe und verlangt Gehorsam und Gefolgschaft kraft seiner Sendung." „Die Gläubigen erkennten ihn als ihren Herrn an und führen alle seine Befehle mit Leidenschaft durch" (ebd.). Herkömmliche Institutionen verlieren an Einflusskraft, so sie denn überhaupt noch existent sind. Ein unabhängiges Justizsystem ist unter diesen Bedingungen natürlich unmöglich. Geschriebenes Recht ist entweder Ausdruck des Herrscherwillens oder beliebig von ihm dehn- und interpretierbar. Das höchste Recht ist die vom Träger des Charismas geäußerte Sendung kraft seiner „himmlischen Gnade" und „göttergleichen Heldenkraft". Beurteilungen im Recht, in der Wissenschaft, in der Amtsausübung der Exekutive usf. fehlt es an objektiven Kriterien. Gemeinschaftlich erarbeitetes und geteiltes Wissen wird ggf. ersetzt durch die unumstößliche Auffassung des Charismatikers. Seine Qualifikation dafür ist sein Auserwähltsein. Dazu verpflichten sich die „Gläubigen", die Befehle des Charismaträgers zu befolgen (vgl. ebd., S. 136). Weil Glaube Vernunft ersetzt, wirken auch nicht die herkömmlichen, traditionellen Ableitungen von Herrschaftsstrukturen. Der Charismatiker muss nicht von Geburt vorgesehen sein oder durch große Leistungen überzeugt haben. Er überzeugt durch sein Auftreten und sein Charisma. „Der Erwerb der charismatischen Stellung erfolgt dann ohne Rücksicht auf die Stellung in den Sippen und Hausgemeinschaften, überhaupt ohne Regel irgendwelcher Art." (Ebd.) Die charismatische Autorität ist sogar eine der großen revolutionären Mächte der Geschichte.

Die Theorie charismatischer Herrschaft findet ihre empirische Stütze in der Geschichte. Kriegshelden sind nach Max Weber typische Beispiele für Träger des Charismas, z. B. Cäsar, Cromwell und Napoleon. Der Herr muss außerhalb der „Bande dieser Welt stehen, außerhalb der Alltagsberufe ebenso wie außerhalb der alltäglichen Familienpflichten" (Weber 2009, S. 136). Als Träger himmlischer Gnade und Verkörperung göttergleicher Heldenkraft ist der Herrscher dennoch, anerkannter Maßen, keine wahre Gottheit, sondern nach wie vor ein Mensch aus Fleisch und Blut, woraus faktisch und zwangsläufig ein „Dualismus" zwischen Charisma und Alltag erwächst (vgl. ebd.). Die Figur ist zwiespältig: Der charismatische Herrscher ist sowohl „patriarchales Familien- oder Sippenhaupt [...] sowie charismatischer Anführer zur Jagd und zum Kriege, Zauberer, Regenmacher, Medizinmann, also Priester und Arzt, und endlich Schiedsrichter" als auch erster Anwärter auf die Früchte des Sieges, also der Beute. Das heißt, z. B. durch den Sieg gegenüber anderen Stämmen oder nach erfolgreicher Tierjagd gewährt der charismatische Häuptling der Gefolgschaft das materielle Verlangen nach einem Teil des Erbeuteten bzw. der Beute. Mit jedem Erfolgserlebnis steigt die Zuversicht in den Charismatiker. Dies geht so weit, dass ein Erfolg ohne sein Wirken an der Spitze der Gemeinschaft als ausgeschlossen angesehen wird. Für den Herrscher bedeutet dies im Umkehrschluss, dass er Jagd und Feldzüge kontinuierlich fortsetzen muss, um über Erfolge seine Stellung zu festigen. Dann erläutert Max Weber (2009, S. 135): „Wo Krieg und Jagd auf große Tiere fehlen, fehlt auch der charismatische Häuptling". Der Charismaträger gewinnt und behält die Macht durch Bewährung seiner Kräfte im Leben, z. B. muss er als Kriegsführer Wunder vollbringen. Er muss den Feind besiegen oder unglückliche Kriege wettmachen, sonst ist er offenbar nicht der von den Göttern gesandte Herr. Die Aufrechterhaltung des Kriegszustandes ist essenzieller Bestandteil der Sicherung der charismatischen Herrschaft (vgl. ebd., S. 163). Weber versteht unter dem Erhalt des Charismas, dass die Stabilität der Führerposition fortgesetzt auf der uneingeschränkten Anerkennung seiner Gefolgschaft beruht. Die chartismatische Autorität kann nicht bei ausbleibenden Erfolgen durch Einschüchterung und schiere Anwendung des Gewaltpotenzials aufrechterhalten werden, also eine Verlagerung vom Glauben auf die Faktizität der Herrschaftsposition erfolgen (siehe zweites Weber'sches Herrschaftsmodell). „Entweder Ärzte, Propheten oder Richter, Leiter von großen Jagdexpeditionen, ebenso auch wie militärische Führer übten ihre Kunst kraft der göttlichen Sendung [aus], um die ewige Herrschaft zu führen und [als] Autorität [anerkannt] zu werden. Sie können das Charisma auch einbüßen, beraubt werden, und von ihren Anhängern verlassen werden, wie Jesus am Kreuz" (Weber 2009, S. 223). Dann ist die Sendung des Charismaträgers erloschen und er wird von einem neuen Träger ersetzt. Weber differenziert empirisch-historisch in seinem Werk jedoch nicht so konsequent, wie dies die strikte idealtypische Unterscheidung seiner Herrschaftsmodelle vermuten ließe, indem er weitere Beispiele charismatischer Machthaber anführt, die jedoch eher dem vorgegebenen göttlichen Modell entsprechen, als dass der jeweilige Herrscher durch eigene Überzeugungskraft zu glänzen vermag: „Der chinesische Monarch war in seiner Stellung bedroht, sobald Dürre, Überschwemmung, Mißerfolg im Feld oder andere Unfälle es fraglich erscheinen ließen, ob er in der Gnade des Himmels stehe. Öffentliche Selbstanklage und Buße, bei hartnäckigem Unheil, Absetzung und eventuell Opferung drohten ihm. Die Beglaubigung durch Wunder verlangte man von jedem Propheten." (Ebd.) Immerhin beruhte möglicherweise die Einführung einer neuen Dynastie auf dem Charisma ihres ersten Vertreters. Die charismatische Autorität erwächst nicht aus einer amtlichen Kompetenz aus Ordnungen und Satzungen und nicht aus der patrimonialen Gewalt aus hergebrachtem Brauch oder feudalem Treueversprechen.

Weber betont, dass die Herrschaftsstruktur der Gruppen den Weg zu neuen, nicht alltäglichen Problemlösungen eröffnet. In einer Situation, in der die alltäglichen Handlungsrezepte versagen, sind Menschen oft geneigt, sich Führungsgruppen anzuvertrauen, die neue, sozial noch nicht erprobte Problemlösungen anbieten. Die Ungewissheit über das neue Rezept wird durch den überzeugenden Eindruck qua Charisma ihrer Vertreter unterdrückt. Charismatiker haben die Gabe, sich selbst überzeugend als Sendboten einer neuen Glaubenskraft vorzustellen und andere von der Richtigkeit ihrer Botschaft zu überzeugen. Und nach den ersten Erfolgen verbindet sich mit dieser Überzeugung ein Gefühl ihrer Allmacht (vgl. ebd., S. 145).

3. Hans-Ulrich Wehlers Erweiterung des Charisma-Konzepts

Der Politologe und Nazi-Verfolgte Franz Neumann versuchte bereits zeitgenössisch, dem Phänomen Adolf Hitler auf die Spur zu kommen. Wehler zitiert ihn mit folgenden Worten (1942, 16, zit. nach Wehler 2007, S. 117):

> Charismatische Herrschaft ist lange Zeit vernachlässigt und lächerlich gemacht worden, hat aber offenbar weit zurückreichende Wurzeln und wird, wenn die geeigneten psychologischen und sozialen Bedingungen erst einmal vorhanden sind, zu einer machtvollen Antriebskraft. Die charismatische Macht des Führers ist kein bloßes Trugbild, niemand kann bezweifeln, dass Millionen an sie glauben.

Die Frage war zuerst gestellt, was sind die sozialen Hintergründe und psychologischen Gründe? Hans-Ulrich Wehler geht von Webers herrschaftssoziologischem Deutungsangebot aus und weist in seiner Untersuchung mit dem Titel „Das analytische Potential des Charisma-Konzepts: Hitlers charismatische Herrschaft" (2007) auf sechs Dimensionen der charismatischen Herrschaft hin, die historisch empirisch überprüft werden können. Er arbeitet dabei zentral die geschichtlichen Gründe des Aufstiegs Hitlers zum Führer der Deutschen und auch des Aufstiegs einer antiparlamentarischen Gruppe auf parlamentarischem Weg heraus (vgl. Wehler 2007, S. 177).

1) Eine existenzielle Krise ist Voraussetzung für den Aufstieg des Charismatikers. Hitler verspricht, durch ein „Wunder" diese Krise zu „bewältigen". Im Kern steht das Problem der Krisenüberwindung und der Versuchung, „artifizielle Krisen zu erzeugen".
2) Der Charismatiker Hitler erzeugte die fanatische Hingabe seiner Anhänger und von Millionen Deutschen durch seine „Leistungen". Der Aufstieg Hitlers an die Spitze der NSDAP verwirklicht sich vor allem durch rhetorisches Talent, eine ungewöhnlich große Redebegabung. Er war – je nach Einstellung – ein Volksredner, Hetzredner oder Demagoge. Seine Redekunst wurde zum wichtigsten Instrument für seinen Aufstieg und auch für den seiner Partei.
3) In der politischen Kultur muss eine Disposition für den großen „Retter in der Not" vorhanden sein. In der Weimarer Republik bedeutete dies die Hoffnung auf einen zweiten Bismarck als Erlöser. Akademische Meinungsführer beschwören einen zweiten Bismarck (Max Scheler: „Eine beispiellose Sehnsucht nach Führung ist überall lebendig"). Der Sozialdemokrat Julius Leber beobachtete 1930 mit resignativer Empörung die „hysterische Sehnsucht nach dem starken Mann." Auch einflussreiche Germanisten (Gustav Roethe) und Theologen (Friedrich Gogarten) sehnten sich nach dem Erlöser. Zu den

elitären Kreisen zählten auch Stefan George (Lyriker) und Othmar Spann (Soziologe). In dieser Hinsicht gab es einen Konsens „rechter Intelligenz". Auch deshalb wucherte unter den Rechtsradikalen diese Messias-Sehnsucht.

4) Der Geltungsbereich des Charismas erstreckt sich zunächst auf die charismatische Gemeinschaft der gläubigen Anhänger, die aus Not, Enthusiasmus und Hoffnung zu einer fanatisierten Gefolgschaft mit hoher Emotionalisierung verschmelzen. Ihr typisches Kennzeichen ist die Gesinnungsrevolution.

5) Die ökonomische Basis für den Nationalsozialismus ist unverzichtbar das öffentliche staatliche Finanzaufkommen über die Steuern gewesen. Daneben aber: Gewinne durch die Beschlagnahme fremden Eigentums, die Erpressung der deutschen Juden, Gewinne aus Annexionen. Allein aus Frankreich wurden von 1940 bis 1944 insgesamt 30 Milliarden Mark erpresst.

6) Das Charisma als höchstes persönliches Talent, das nicht übertragbar ist. Zu unterscheiden ist ein „Eigencharisma" und ein „Fremdcharisma". „Eigencharisma" beruht auf der genuinen Begabung eines Einzelnen. Das ist eine nicht erlernbare Kompetenz, auch „politischer Genius" genannt. Das „Fremdcharisma" wird dem Führer von seinen Angehörigen, von den Gläubigen oder von öffentlich wirkenden Teilen der Gesellschaft zusätzlich verliehen, häufig und typischerweise verbunden mit dem Attribut „Hoffnungsträger".

Der Aufbau einer charismatischen Herrschaft liegt nicht in einer himmlischen Gnade des Charismaträgers begründet, sondern manifestiert sich vor allem vor dem Hintergrund prekärer sozialer Verhältnisse und sozio-psychischer Instabilität von Völkern. Psychische Instabilität entsteht allein dadurch, dass der Mensch seit Beginn der Selbstreflexion sich fortgesetzt der Allmacht der Natur, dem Tod, der Unendlichkeit dahinter und zunächst einmal auch nur einer unsicheren Zukunft gegenübersieht. Die Vorstellung eigener begrenzter Gestaltungsmittel und die Ohnmacht gegenüber dem Kosmos führen zu seelischer Angst, die mit Hilfe von Religionen in allen Kulturen bekämpft wird. Wie oben in Abschnitt 2.1 erwähnt, entwarf Max Weber den Charismaträger als den urchristlichen Gemeindeführer, später auch als den alttestamentarischen Propheten. Weber zufolge entspringt die Anerkennung von Charisma dem christlichen Glauben genauso wie anderen Religionsbezügen. Neben Gott und Jesus Christus sind es Allah und der Prophet Mohammed im Islam. In China gibt es die religiöse Vorstellung vom Himmel, dem magische Fähigkeiten zugeschrieben werden und der den Sünder mit Strafen belegen kann. Wehler weist auf den Zusammenhang zwischen der Religion und dem charismatischen Führer noch stärker als Weber in Bezug auf den Erhalt des psychischen Gleichgewichts hin;

Religionen konnten in den Krisen der modernen Welt, etwa nach der Aufklärung und der Französischen Revolution, nicht mehr die ausgleichende Wirkung entfalten, wie sie das in der Zeit kontinuierlicher „göttlicher Ordnung", verkörpert durch starre Gesellschaftshierarchie, noch vermochten. Der Glaube bekämpfte nicht erfolgreich wirtschaftliche Krisen, Krieg oder andere soziokulturelle Depressionen, und so wurden Erwartungshaltungen auf neue, eher weltlich zugewandte Heilsbringer projiziert. Der Aufstieg charismatischer Führer in der Moderne mit ihren rationalen Erklärungsmodellen ist ganz wesentlich dem Niedergang der Religionen zuzuschreiben. Mehr aber noch grenzt sich Wehler gegenüber Weber ab, indem er jene oben zusammengefassten soziokulturellen Begleitumstände für den Aufstieg charismatischer Führer betont. Nicht, dass Weber sie nicht gesehen oder erwähnt hätte, aber Wehler misst ihnen eine größere Bedeutung zu – dies sicherlich nicht zuletzt vor dem Erfahrungshorizont der Mittäterschaft vieler an den Verbrechen während des Dritten Reichs. Weber bietet aus seiner Sicht im Grunde eine ‚purere' Version der Erklärungsfigur des charismatischen Herrschers an, stärker auf sich selbst bezogen und weniger auf die keineswegs negierten soziokulturellen Begleitumstände. Hans-Ulrich Wehler hingegen arbeitet sich am Geschichtsbild Adolf Hitlers ab und hat mit ihm einen konkreten empirischen Gegenstand. Folgerichtig weitet Wehler das Konzept charismatischer Führung auch auf mehrere Personen, z. B. eine Führungsriege, aus (so misst er auch anderen Nazi-Größen wie Joseph Goebbels Charisma zu).

4. Medien im Nationalsozialismus von Clemens Zimmermann

Auf die Wirkung der Propaganda in den Massenmedien im Nationalsozialismus ist Clemens Zimmermann im Vergleich mit Italien und Spanien in den 30er und 40er Jahren vertieft eingegangen. Über die Medien im Nationalsozialismus bilanziert er, indem er vier zentrale Aspekte hervorhebt:

1) Die Modernisierungsleistung und Medienentwicklung sind trotz aller Beschränkung des totalitären bzw. autoritären Systems in vielen Bereichen zu erkennen. Die technische Effizienz von Schallaufzeichnung, Liveschaltung, Farbfilm, Landkino und Volksempfänger wurde erhöht. Die Vernetzung und Synchronisierung der bislang getrennten Räume von Land und Stadt sowie zwischen der Front und der Heimat wurden verstärkt. Die Innovation der Medienangebote fand ihre Entsprechung in einer avancierten Bildsprache bei den Kino-Dokumentarfilmen. Auf der Seite der Rezeption fanden die Innovationen und das Mehr an medialer Verfügbarkeit eine immer höhere Resonanz. Der Modernisierungsprozess verlief in NS-Deutschland dynamisch, speziell im Hinblick auf die Explosion der Teilnehmerzahlen an den Rundfunkprogrammen und die neu entwickelten Medienformate (vgl. Zimmermann 2007, S. 261 ff.).
2) Eine Homogenisierung der Medienangebote und des Medienpublikums wurde nicht erreicht. Die Medienreichweite in Stadt und Land wurde nicht völlig angeglichen. Bürgerliche Hausfrauen und Arbeiterinnen hörten zu verschiedenen Zeiten Radioprogramme. Neben Propaganda-Programmen wie der Wochenschau gab es noch viele Medienproduktionen, die sich an lockerer Modernisierung und stilistisch am Konsum- und Lifestyle orientierten. Trotz der Vertreibung der unerwünschten Kunst aus den Museen wurde Jazzmusik millionenfach verkauft (vgl. ebd., S. 262).
3) Die politischen Zwecken dienenden Medienangebote waren Teil des Repertoires, den Nationalsozialismus zu repräsentieren. Goebbels förderte die Entwicklung der audiovisuellen Medien, um traditionelle weltanschauliche, soziale und kulturelle Milieus zu lenken. Die Konsensbildung, Mobilisierung für den Krieg und Herstellung einer nationalen Kommunikationsgemeinschaft zählen zu den Schlüsselbegriffen der den Medien zugeschriebenen Funktionen. Es handelte sich bei allen Bemühungen um Gleichschaltung und Information nicht nur um politische Propaganda im klassischen Sinne, nämlich die Staatsleitung und ihre Führung der Amtsgeschäfte, z. B. die Vorbereitung auf Kriegsführung, zu legitimieren, sondern auch um die Ver-

schiebung von Verhaltensstandards und gesellschaftlichen Werten. Die vorhandene internationalisierte und avantgardistische Medienarbeit und Kulturszene, so wie sie sich in der jungen Weimarer Republik herausgebildet hatten, wurden zerstört. Das NS-Regime baute sehr schnell die vorhandenen Medienindustrien landesweit um und eigene Apparate auf, um die eigenen politischen Ansichten zu popularisieren, z. B. über eine eigene Ästhetik medial aufbereitet (vgl. ebd., S. 264).

4) Die Zensur war allgegenwärtig, während die Idee, die Meinung in den Massenmedien zentral durch das Propagandaministerium zu steuern, scheiterte. Der Konzentrationsprozess der Printmedien, die Ausschaltung der Opposition, die Zurückdrängung des inhaltlichen Pluralismus in der Presse und die Kontrolle der relevanten Informationen in Kampagnen waren im Dritten Reich offensichtlich. Die unerwünschten und missliebigen Informationen über das horrende Defizit im Staathaushalt und die militärische Aufrüstung, die Ernährungs- und Versorgungssituation wurden ferngehalten. Das führte direkt zu einem empfindlichen Glaubwürdigkeitsverlust der Presse in den Augen ihrer Leser. 1936 war ein erheblicher Leserschwund bei der deutschen Presse zu beklagen. Dazu sagte Goebbels, dass die kontinuierliche Reglementierung traurig und der Presse wesensfremd sei. Im Dritten Reich waren die einzelnen kritischen und kompetenten Redakteure imstande, inhaltlich Akzente zu setzen und dabei neben der klassischen Vermittlung von Informationen ein breites Meinungsspektrum anzubieten. Nach 1933 war vielen Deutschen bewusst, dass in den Zeitungen viele Informationen zensiert und gefälscht wurden, dass Tatsachen falsch und anders wiedergegeben wurden (vgl. ebd., S. 265).

5. Erweiterung des Charisma-Konzepts

Viele Wissenschaftler zweifeln an einer Verallgemeinerbarkeit des Konstrukts der charismatischen Herrschaft mit Blick auf ihre kultursoziologische Wirkmächtigkeit. Der Freiburger Sozialwissenschaftler Stephan Marks hat der Anwendung des Charisma-Konzepts auf die Situation im Dritten Reich vorgeworfen, dass die Analyse nur die NS-Ideologie beschreibt und letztlich als irrational charakterisiert (vgl. Marks 2007, S. 38). Ähnlich ist auch die Ansicht von Andreas Wirsching, dass das Charisma-Konzept eigentlich apologetisch sei. Die Überbewertung des Faktors Charisma und die Vorstellung von einer unbegreiflichen metaphysischen Aura tragen dazu bei, die Schuld des Zweiten Weltkriegs zu wenig bei den deutschen Wählerinnen und Wählern und Sympathisanten einer auf Revanchismus angelegten Außenpolitik zu suchen (vgl. Wirsching 2009, S. 14). Kritik am Charismakonzept formulieren auch sechs Herausgeber in einer Einleitung ihres Bandes, in dem Briefe an Hitler wieder veröffentlicht werden:

> Mit Hitlers Charisma zu argumentieren oder die ausgeklügelte Inszenierung dieses Charismas zu betonen, führt jedoch immer wieder nur zu dem gleichen falschen Punkt: daß die Deutschen damals keine so große Schuld treffen konnte, weil entweder eine sozusagen göttliche Autorität oder kaum faßbare Vermarkungsstrategien am Werk waren, die die Deutschen verführten und Hitler in seine Position brachten.
> Aber die Wahrheit ist auch, daß Hitler und der Führerkult den Massen nicht nur aufgezwungen wurde(n), sondern von ihnen miterschaffen worden [...] sind. Hitler bot eine große Projektionsfläche für alle möglichen Sehnsüchte der Deutschen. (Ebeling 2011, S. 15)

Als Gegenentwurf zur Erklärung des Führer-Phänomens hat der britische Historiker Ian Kershaw sein Augenmerk auf einzelne Individuen in der Zeit des Nationalismus gelegt. Er kann nachweisen, dass in der Gesellschaft vielfältige Reaktionsweisen auf die politische Herrschaft auftraten, dass bisweilen die massiven Versuche von Indoktrination skeptisch beurteilt wurden und auch in gegenteiliges Verhalten umschlugen. Mit diesem Befund wäre die Vorstellung von einer einseitigen Vereinnahmung des Volkes durch den Charismatiker, wie sie Weber noch vertritt, nicht vereinbar.

Solche Kritikpunkte im Hinblick auf das Weber'sche Charisma-Konzept sind Hans-Ulrich Wehler schon bewusst gewesen. Er hat nicht nur die metaphysische Aura des Führers als „Eigen-Charisma" betrachtet, sondern auch den historischen Hintergrund und die psychische Lage der Deutschen nach dem Ersten Weltkrieg rational analysiert (vgl. Wehler 2007, S. 177).

In dieser Arbeit gehe ich von den herrschaftssoziologischen Deutungsangeboten von Weber, Wehler und Zimmermann aus und werde die Rolle der Medien bei Hitlers politischem Aufstieg und in seiner zwölfjährigen Herrschaft primär analysieren. Historisch empirisch überprüft werden soll, inwieweit Adolf Hitler die Medien als Propagandainstrumente geschickt verwendete und wie mediale Inszenierungen unmittelbar den Aufstieg Hitlers begünstigten.

Ich werde die geschichtlichen Gründe des Aufstiegs Hitlers zum Führer der Deutschen und auch die Rolle der Medien während seiner charismatischen Herrschaft anhand folgender fünf Punkte skizzieren:

1) Soziale Unruhen wie eine Wirtschaftskrise gepaart mit einer tiefen soziopsychischen Verunsicherung gelten als die Voraussetzungen für das Aufkommen eines Charismaträgers (vgl. Wehler 2007, S. 177). Und die existenzielle Krise fördert die Auswirkung politischer Propaganda. Instabil geraten dabei ja nicht nur die Lebensverhältnisse, sondern auch die Normen und Werte. Es entsteht das, was gemeinhin als „Sinnkrise" bezeichnet wird. Die NSDAP nutzt die existenzielle Krise aus und verwirft nicht die tief verwurzelten Werte und kulturellen Praktiken, sondern verspricht mit seinem politischen (Staats-)Modell, zu ihnen wieder (verstärkt) zurückzukehren. Hitler verspricht in zahlreichen Reden, die Krise zu „bewältigen". In der Propaganda verkörpert Hitler die Hoffnung der Nation.

2) Als Charismaträger muss der Herrscher den Gläubigen immer wieder ‚Wunder' vollbringen, um sich der fortgesetzten Gunst zu versichern. Medien gelten in der charismatischen Herrschaft als wichtige Instrumente, ‚Wunder' den Anhängern zu versprechen und diese Versprechen dann in inszenierten Ereignissen Gestalt zu verleihen. Dies sind dann keine Wunder im metaphysischen Sinne, sondern wirtschaftliche und politische Vorstöße, die noch vor Antritt der charismatischen Herrschaft undenkbar gewesen wären. Mit dem Versprechen, Wunder zu vollbringen, äußert sich Charisma zuerst durch politische Propaganda. Des Weiteren gründet sich Charisma auf handfeste und überprüfbare Taten, die über die Medien erst inszeniert und dann verbreitet werden. Mit Hilfe der Medien wie Presse, Film und Radio werden Ereignisse inszeniert oder hervorgehoben, die eine klare Positionierung der Herrschaft dafür oder dagegen erlauben und so das politische Profil schärfen. Sind neue Lenkungs- und Kulturstandards erst einmal auf diese Weise etabliert, müssen sie in der Folge weiter bestätigt und durch die gleichgeschalteten Medien propagiert werden. Charismatische Herrschaft gründet sich auf Überwältigung und Überzeugung durch Taten und auch Inszenierung.

3) Im Dritten Reich war einerseits die Medialisierung und Ästhetisierung der NS-Ideologie durch Kunst zu beobachten, andererseits wurde eine mediale

Welt angeboten, in die die Menschen der Grausamkeit der Realität entfliehen konnten. Hitlers Rassenlehre wurde beispielsweise von Arno Breker durch seine Statuen repräsentiert und von dem NS-Regime mit der Musikpolitik verknüpft. Nach dem Kriegsausbruch betrieb das Reichsministerium seine Propaganda zunehmend indirekt, bzw. die Unterhaltungsprogramme galten als Trost für die Menschenseele. Viele mediale Unterhaltungsformen, in Auftrag gegeben bzw. kontrolliert vom Propagandaministerium und den regionalen Zensurbehörden, dienten unverhohlen dem Zweck der Infiltrierung und Meinungslenkung. Die Grenze zwischen Propaganda und Unterhaltung wurde fließend.

4) Das Charisma des Führers zu inszenieren, steht im Kern der NS-Propaganda. Um die Macht zu übernehmen und zu bewahren, wurde Hitler als Charismatiker profiliert. Hitler hat von Anfang an sich selbst das Bild eines Charismatiker in seinem Werk „Mein Kampf" geprägt, das der Parteiapparat der NSDAP später aufgegriffen und z. B. in seinen Wahlkampfplakaten und Propagandafilmen gepflegt hat. Nach der Wirtschaftskrise wandelte sich die NSDAP zu einer Volkspartei, mittlerweile stand Hitlers Redeauftritt im Vordergrund der NS-Propagandaprogramme. Die mitreißende Kraft seiner Redeworte ist kein Beweis für sein Charisma, sondern durch Richtlinien choreografierte Inszenierung. Übrigens wissen wir heute auch, dass Hitler damals stundenlang vor dem Spiegel probte; ‚gottgegeben' war ihm sein Charisma keinesfalls. Nach der Machtergreifung wurden zunehmend staatliche große Veranstaltungen mit raffinierter Medientechnik ins propagandistische Visier genommen, wo Hitler als göttlicher Retter und Messias verklärt wurde. In der Inszenierung des Charismas ging es darum, eine „libidinöse" psychische Wirkung unter der Bevölkerung zu erzeugen, sodass der Führer das „Ichideal" jedes einzelnen Anhängers verkörpern sollte (Freud 2015).

5) Charismatische Herrschaft schließt im Kontext von Staatsmodellen, also der politischen Herrschaftsausübung (im Gegensatz zur religiösen beispielsweise), nahezu immer die Durchsetzung des Willens der Führung mit Waffengewalt ein. Wegen der Gleichschaltung der Medien, der Abschaffung der Meinungsfreiheit, der polizeilichen Kontrolle gehört das Mediensystem zur autoritären Durchsetzungsform. Selbst die von einer überwältigenden Bevölkerungsmehrheit getragene Ideologie verfängt allerdings nicht bei allen Mitgliedern der betroffenen Gesellschaft. Und auch ein noch so selbstbewusst und vermeintlich überzeugend auftretender Einzel-Charismatiker vermag wohl kaum sämtliche Menschen hinter sich zu bringen. Die rigorose Durchsetzung bestimmter und vorher postulierter Ziele erzeugt stets die

Angst der Anders-Denkenden. So haben sich autoritäre Regime und charismatische Führer in allen Zeitaltern ihre Vormachtstellung durch ausufernde Ausübung von Gewalt gesichert. Bei ihren Anhängern trägt ein kompromissloses Durchgreifen durchaus zur Festigung des Ansehens bei, zeigt es doch, dass das Regime mächtig und entschlossen ist. Seine Signale sind stark.

6. Hitlers Aufstieg und Herrschaft

Es ist mehr als ein Zufall, dass viele Intellektuelle und Akademiker einen zweiten Bismarck in der Zeit nach dem Ersten Weltkrieg beschworen. Es ist auch mehr als ein Zufall, dass aus der Splitterpartei NSDAP Anfang der 20er Jahre die mächtigste Partei Deutschlands ab 1933 wurde. Die Grundannahme dieser Arbeit ist, dass der derartige Aufstieg in so rascher Zeit (und mit dem Zusammenbruch das abrupte Ende) nur vor dem Hintergrund charismatischer Herrschaft erfolgen konnte(n). In den letzten Jahrzehnten ist auch die Rolle der Medien für den Aufstieg Hitlers und seine charismatische Herrschaft stärker beleuchtet worden. Charisma und der Glaube an bessere Zeiten sind hochgradig emotionale Entäußerungen, die nicht auf langwierigen Prozessen rationaler Überzeugung beruhen. Die Republik-Gesellschaft, die sich in Deutschland nach dem Ersten Weltkrieg herausbildete, war nicht nur eine bevölkerungsreiche, sondern ihr Kennzeichen lag auch in einer für damalige Verhältnisse erstaunlich weit gezogenen Meinungs-, Versammlungs- und Pressefreiheit. Diese vielschichtigen Voraussetzungen müssten eigentlich den Nährboden für einen hohen Grad an gesellschaftlichem Pluralismus bereiten. Und um einen radikalen politischen Wandel herbeizuführen, erscheint diese Grundkonstellation aus heutiger Sicht äußerst ungünstig, ja geradezu utopisch. Und doch gelang dieser Wandel in kürzester Zeit. In der Verschränkung der Konzepte von charismatischer Herrschaft soll eine Erklärung für den rasanten Wandel erfolgen. Die nun folgende historische Analyse der charismatischen Herrschaftsverhältnisse im Dritten Reich erfolgt entlang der im vorigen Abschnitt aufgeworfenen fünf zentralen Annahmen über die notwendigen Voraussetzungen zur Durchsetzung von charismatischer Herrschaft und über die Funktion der Medien für Hitler.

6.1 Sozialer Hintergrund

Der Erste Weltkrieg endete 1919 mit dem Friedensvertrag von Versailles, der letztlich aber keinen dauerhaften Frieden in Europa bewirkt hat. Bis zu dem Ausbruch des Zweiten Weltkriegs 1939 vollzog sich in Deutschland die politische Wandlung von der Demokratie der jungen Weimarer Republik zur Diktatur des Dritten Reichs. Ausgehend von der These, dass der Charismatiker und seine Macht nicht ohne die gesellschaftlich-historischen Begleitumstände denkbar sind, soll in diesem Kapitel den historischen Ursachen nachgespürt werden; vor welchem sozialen Hintergrund kam es zu der Machtübernahme Hitlers, wie wirkt sich die Krise auf die Propaganda der Nationalsozialisten aus und auf welche Weise nutzt die NSDAP die ökonomisch-soziale Krise, um ihre eigenen politischen Ziele erst zu propagieren und später dann durchzusetzen?

Die Weimarer Republik war seit der Gründung im Jahr 1919 von innen wie von außen bedroht. Die Niederlage des Ersten Weltkriegs, anschließende Reparationsleistungen (Reparationsknechtschaft und Versailler Vertrag) an die Alliierten, die Hyperinflation zu Beginn der 20er Jahre, Straßenkämpfe von linken und rechten Extremistengruppen und eine später aufkommende tiefgreifende Weltwirtschaftskrise erzeugten fortwährende politische Instabilität (vgl. Wehler 2007, S. 177). Der Historiker Ludolf Herbst bezeichnet das Jahr 1923 als ein besonderes Jahr der Krise in der Geschichte der Weimarer Republik. Die Krise entstand erst von außen, als die alliierte Reparationskommission am 9. Januar 1923 mitgeteilt hatte, dass Deutschland vorsätzlich seinen Reparationen in Sachgüterform nicht ausreichend nachkomme, worauf die französische und belgische Regierung mit einem militärischen Einmarsch ins Ruhrgebiet reagierten. Die Weimarer Regierung führte im Gegensatz eine sogenannte Politik des „passiven Widerstands" durch. Die Härte der belgischen und französischen Militäraktion und die Schwäche der Regierung des Reichskanzlers Wilhelm Cuno führten in Deutschland landesweit zu einem Generalstreik der Arbeiter im Ruhrgebiet als eine Verzweiflungsaktion, um die Politik auf die unhaltbaren Lebensumstände aufmerksam zu machen. Dieser außenpolitische Konflikt zwischen Deutschland, Frankreich und Belgien löst bald eine nationale Wirtschaftskrise aus: Die Mitarbeiter in den meisten Betrieben sowie bei den Eisenbahnen ließen ihre Arbeit ruhen, sodass der Abtransport von Waren und Rohstoffen verhindert wurde. Ohne das Ruhrgebiet, das größte Industrierevier mit den Warenlieferungen, konnte der wirtschaftliche Transport nicht mehr weitergeführt werden. Es kam zu riesigen Produktionsausfällen. Die öffentliche Kasse musste aber trotzdem den Lohnausfall der Arbeiter bezahlen und das Ruhrgebiet mit hohen Subventionen unterstützen. Das alles beschleunigte die Inflation landesweit. Der Wert der Reichsmark gegenüber dem Dollar fiel allein im Januar 1923 um die Hälfte. Von 27.000 RM pro Dollar auf 49.000 RM pro Dollar war der Kurs gefallen. Im August lag die Relation bei 1 Dollar zu 5 Millionen RM. Im Oktober und November fiel der Kurs der Reichsmark sogar ins Nichts, nämlich auf 4,2 Billionen RM pro Dollar. Seit der Wirtschaftskrise gelang es der Regierung nicht, auch nicht durch die Begründung der Rentenbank und die durchgeführte Währungsreform, die Wirtschaft zu stabilisieren (vgl. Herbst 2010, S. 167–169).

Der außenpolitische Konflikt und die wirtschaftliche Krise führten zu der inneren politischen Instabilität angesichts widerstreitender Bevölkerungsgruppen und -interessen (Republikaner, Kommunisten, Royalisten, Faschisten u. a.).

Die Dolchstoßlegende wälzte die Schuld der militärischen Niederlage des Deutschen Reiches im Ersten Weltkrieg vor allem auf die Sozialdemokratie und andere demokratische Politiker ab. Diese diente deutschnationalen, völkischen und anderen rechtsextremen Gruppen und Parteien zur Propaganda gegen die Novemberrevolution, die Auflagen des Versailler Vertrags, die Linksparteien, die ersten Regierungskoalitionen der Weimarer Republik und die Weimarer Verfassung (vgl. Boris/Jürgen 2003). In unzähligen Reden beschwor der Wahlkämpfer Hitler ein naheliegendes Feindbild: die Alliierten, die Bolschewisten und Kommunisten sowie die Juden, dazu ein demokratisches System und eine politische Klasse, die unfähig sei, wirksame Reformen einzuleiten.

Der Auftritt eines Charismatikers auf der politischen Bühne wurde zweifellos von der sozialen Unruhe stark begünstigt. In der Weimarer Republik entstand unter den Menschen die Hoffnung auf einen starken Führer als Erlöser. Die Messias-Sehnsucht wucherte nicht nur unter den Rechtsradikalen, sondern auch unter den Sozialdemokraten, Akademikern und Eliten (vgl. Wehler 2007, S. 177). Eine starke politische Persönlichkeit wurde von allen sozialen Schichten als Hoffnungsträger betrachtet, was die Machtübernahme Hitlers begünstigte. Ludolf Herbst (2010, S. 167) bekräftigt den Zusammenhang zwischen dem sozialen Hintergrund in der Weimarer Republik und dem politischen Aufstieg Hitlers und begründet das mit Webers Begriff „charismatische Situation": Die charismatische Herrschaft

> ist stets das Kind ungewöhnlicher äußerer speziell politischer oder ökonomischer oder innerer seelischer, namentlich religiöser Situationen, oder beider zusammen, und entsteht aus der, einer Menschengruppe gemeinsamen, aus dem Außerordentlichen geborene Erregung und aus der Hingabe an das Heroentum gleichviel welchen Inhalt. (Weber 1922, S. 661)

Wehler betrachtet auch den sozialen Hintergrund und die psychische Erwartung der Bevölkerung als Ursachen für das Aufkommen der charismatischen Herrschaft Hitlers, und unterscheidet das „Fremdcharisma" von dem „Eigencharisma". Anders als das „Eigencharisma", das sich auf das persönliche Talent bezieht, wird das „Fremdcharisma" von öffentlich wirkenden Teilen der Gesellschaft und den Gläubigen zusätzlich verliehen, sodass der Charismatiker die Rolle des Hoffnungsträgers spielt (vgl. Wehler 2007, S. 176).

Die sozialen Umstände fördern die Wirkung der NS-Propaganda, und sie sind der Auslöser, Hitlers Reden und Auftreten in einem neuen Licht zu sehen. Der sich immer verschlechternden Lebenszustand der Menschen in der Weimarer Republik verlieh Hitlers Rede deutlich kontextuelles Gewicht. Mit seinen Reden erreichte Hitler zunehmend besonders diejenigen Deutschen, die von der immens großen Arbeitslosigkeit betroffen waren und deren Not entsprechend groß war. In der Zeit vor der Weltwirtschaftskrise absolvierte Adolf Hitler zwar unzählige Wahlkampfauftritte in allen Teilen Deutschlands, jedoch drang er mit seinen antisemitischen und nationalen Parolen offenbar noch wenig durch, wie das schwache Abschneiden der NSDAP bei den Reichstagswahlen bis 1928 nahelegt. Dass seine Reden jedoch nach dem Beginn der Weltwirtschaftskrise bei einem erheblichen Teil der Zuhörer verfingen, muss ebenso als wahr angesehen werden, denn die NSDAP gewann in den Reichstagswahlen 1930 über 18 Prozent (1928: 2,6 Prozent). Die sozialen Umstände förderten also die Wirkung von Hitlers Propaganda. Herbst hat das zunehmende öffentliche Interesse an seiner Person und die steigende Massenattraktivität geschildert: Im Jahr 1921 ist Hitler im Februar, März, Juli, August und Oktober als Redner im Münchener Zirkus Krone aufgetreten. Im großen Saal mit 8.000 Plätzen gelang Hitler immer nur, 4.000 bis 5.000 Menschen anzulocken. Die Situation hat sich im Krisenjahr 1923 verändert. Der Zirkus Krone in München war am 11. Januar 1923 mit ungefähr 9.000 Zuhörern überfüllt. In den Bierschemmen in München, wo vorher meistens ungefähr 2.500 Zuhörer sich für Hitlers Vortrag versammelten, warteten im Februar und April 1923 zwischen 4.000 und 5.000 Menschen auf Hitlers Redenauftritt (vgl. Herbst 2010, S. 113).

Die Sehnsucht der Menschen nach einem Retter in der wirtschaftlichen und politischen Misere der Weimarer Gesellschaft bereitet den Nährboden, auf dem sich Hitlers Charisma klarer abzeichnen kann. Die als unerträglich empfundenen Lebensumstände tangieren die Menschen unmittelbar; derjenige, der sie wortreich anklagt und mit vielen politisch unkorrekten Gegenmaßnahmen bekämpfen will, dringt daher direkt zu ihnen vor. Hier ist jemand, der sich nicht mit dem Status Quo abfindet und der für diejenigen spricht, die sich benachteiligt fühlen. Vertreter der etablierten Republik- und Regional-Politik taten dies nicht, wirkten daher schwach und empfahlen sich nicht als Volksvertreter für diese Klientel. Es war dieser Kontrast aus empfundenem Versagen der Politik und der rhetorisch erzeugten Aufbruchstimmung eines vermeintlich Einzelnen vor dem Hintergrund des grauen Alltags, der das Charisma hervortreten ließ. Dabei ist also das Charisma nicht etwas Angeborenes oder Erlerntes allein, sondern es ist die Beschreibung eines Gefühls vieler, dass von einer bestimmten Person etwas nicht Alltägliches ausgeht, das wiederum Heilung im weitesten Sinne verspricht. Mit der Verschlechterung der durch die Weltwirtschaftskrise ausgelösten Lebensumstände gewinnen Gefühle die Oberhand gegenüber der Vernunft, jedenfalls bei vielen in der Bevölkerung. Diese Aufbruchstimmung und Gefühle lassen sich kennzeichnen als Fanatismus. Inhaltlich verschmolz Hitlers politisches Vorhaben in seinen Reden mit den Wünschen der Menschen nach Revanchismus gegenüber den Alliierten, die die Reparationsleistungen erhielten und mit den anderen vermeintlichen Verursachern des Elends. Die Emotionen wie Zorn, Rage und Entschlossenheit, die in den Reden zum Ausdruck kamen, stießen bei den Zuhörern auf große Resonanz. Wehler vertritt den Standpunkt, dass Hitler ein Volksredner, Hetzredner oder Demagoge war. Seine Redekunst wurde zum wichtigsten Instrument für seinen Aufstieg und auch für den seiner Partei (vgl. Wehler 2007, S. 176). Hier hat Wehler aber Hitlers Redekunst überschätzt. Der NSDAP-Vorsitzende verfügte über keine komplizierte oder mythische Technik. Die bisweilen als „magisch" bezeichnete Kraft seiner Rede rührt daher, dass er ein Bild für die Zuhörer entworfen hat, das die Sehnsucht der Menschen nach Solidarität, nach Einheit und nach einem Groß-Deutschland wie in der Zeit Friedrich des Großen oder Bismarcks ansprach. Hitler gelang es, mit seinen Reden die Zuhörer zu begeistern, wenn er für ein starkes Land mit einer starken Führung appellierte. Ludolf Herbst verdeutlicht Hitlers Redekunst: In der Regel versuchte Hitler, die Gegenwart zu beschmutzen, und als Gegenentwurf die Epochen in der deutschen Geschichte zu idealisieren und zu heroisieren. Friedrich der Große, Bismarck und das Wilhelminische Kaiserreich wurden repräsentativ als Prominenzen gepriesen. Hitler verteilte die Schuld der inneren morschen Zustände auf mehrere Schultern, vor allem auf die Juden, die Marxisten, die Presse und den Internationalismus als Feindbilder. Seine rhetorische Kunst bestand darin, dass seine Redetexte immer sehr leicht nachzuvollziehen waren. Er verfügte nicht nur über einen einfachen, für jeden Zuhörer verständlichen Redestil, sondern er konnte auch mit Witz und Ironie das Publikum zum Lachen bringen. Die emotionalen Höhepunkte seiner Reden waren der Appell zur deutschen Solidarität und Einheit, die Erinnerungen an die Größe der deutschen Geschichte und die Passagen, in denen er antisemitische Hassgefühle gegen Fremde und Kriegsgegner erzeugte (vgl. Herbst 2010, S. 118–122).

Shepard Stone hat zahlreiche Reden Hitlers seit dem Frühherbst 1929 erlebt. Er war als amerikanischer Student nach Berlin gekommen, um an der Friedrich-Wilhelms-Universität Moderne Europäische Geschichte und Internationale Beziehungen zu studieren und zu promovieren. Er erzählt: „In Heidelberg, Sommer 1930, wurde ich mir ernstlich der Nazis bewusst. Man sah Studenten in brauner Uniform, Tränen und Glauben in den Augen bei den Reden Hitlers und Goebbels. Während viele ausländische Studenten diese Reden für hysterisch hielten, fing es an, in den Seelen vieler deutscher Studenten zu pochen. Für sie war der Retter gekommen, um Deutschland von den ‚Ketten' des Versailler Vertrages, von den Juden, Kommunisten, Großbanken zu ‚befreien'.

Alles ‚Undeutsche' würde verschwinden" (Stone 1989, S. 114). Die gleiche Rede wirkte auf die Deutschen also ganz anders als auf die Ausländer. Die ausländischen Studenten hielten das Gesagte und Geschrieene zwar für hysterisch, aber allein in dieser Wertung kommt der emotionale Anteil und die darbieterische Überhöhung des vermittelten Inhalts zum Ausdruck. Die damalige Zeit, besser gesagt: die Deutschen in der Not, verlangte(n) aber nach starken Ausdrucksformen und unmissverständlich geäußerten politischen Konzepten, die die aktuelle und als gescheitert empfundene Politik konterkarierten. Die Personalisierung dieses angekündigten Kulturwandels konnte nur glaubhaft einhergehen mit einem Charismaträger. Die Sehnsucht nach Erlösung aus dem wirtschaftlichen Krisen-Tal und der politischen Gängelung war in allen sozialen Schichten und Milieus vorhanden. Es war die Kombination aus Verkünder und Botschaft, die eine solche charismatische Aufladung erfuhr. Mit der Dringlichkeit der sozialen Fragen wuchs die Hoffnung auf eine Neuorientierung in der Politik und damit auch die Anerkennung ihrer Apologeten. Glaube ersetzte auf der Seite der Zuhörer häufig genug rationales Kalkül.

Die NS-Propaganda nutzte die existenzielle Krise und die Messias-Sehnsucht der Menschen aus und suchte Hitler entsprechend politisch zu personalisieren, ihn als Hoffnungsträger darzustellen. Historisch gesehen ist die Personalisierung des Politischen in der Öffentlichkeit nichts Neues (vgl. Wilke 1998, S. 284). Als herausragendes Beispiel dafür ist der französische König Ludwig XIV. (1639–1715) zu nennen (vgl. Burke 1995, S. 129). In der NS-Propaganda wurde Hitler mit den symbolischen Figuren Deutschlands gleichgestellt. Das Plakat links nennt sich „Deutschlands Schicksalswende, 5. März 1933", worin Hitler als zeitgenössischer Führer in einen Rang mit Bismarck und Friedrich dem Großen gehoben wird. In diesem Plakat ist auch die Germania-Statue auf dem Niederwalddenkmal zu erkennen. Seit dem Mittelalter taucht die Germania als Personifikation für Deutschland in Kunstwerken auf, z. B. in dem Gemälde „Italia und Germania" von Friedrich Overbeck, in der „Erwachenden Germania" von Christian Köhler oder dem Denkmal „Germania" in Bad Kissingen. Die Germania wird sehr häufig mit einem Schwert bewaffnet dargestellt, wie auch in diesem Plakat, was die Kampfbereitschaft andeutet: Unser Vaterland wird mit dem Schwert beschützt. Hitlers Geste des gehobenen Arms ist eindeutig der Zeichnung der Germania entliehen, die das deutsche Volk zur Einheit und Solidarität aufruft und den Appell markiert, die Menschen sich um seine Führung zu scharen.

Abb. 1: Propagandapostkarte: Deutschlands Schicksalswende, 5. März 1933.

Abb. 2: Propagandapostkarte: Unsere letzte Hoffnung, Hitler, 1932.

Im Plakat rechts mit dem Namen „Unsere letzte Hoffnung: Hitler" verkörpert Hitler, hier nur mit seinem übergroßen Namensschriftzug, den Hoffnungsträger für die Menschen in der Misere. Das Elend der Menschen wurde durch die inhaltsleeren Gesichter zum Ausdruck gebracht. Hier wird versprochen, dass Hitler als Reichskanzler die gesellschaftliche und politische Veränderung in eigener Verantwortung übernimmt. Die Zukunft der Nation und das Glück der Menschen sind dann allein vom Führer abhängig. Mit dem Possessivpronomen „unsere" wird der Betrachter des Plakats in die Aussage direkt mit einbezogen, und gleichzeitig steht es für die ganze deutsche Bevölkerung, nimmt man die angedeutete Menge der gezeichneten Figuren und ihre angedeuteten unterschiedlichen Bekleidungen, die auf unterschiedliche Schichtenzugehörigkeit hindeuten, genauer in den Blick. Der markant kurze Slogan „Unsere letzte Hoffnung" appellierte an alle Deutschen, an den Führer Hitler zu glauben, in dessen Hand die glückliche Zukunft der ganzen Nation liegt. Alle anderen politischen Parteien und Strömungen haben sich demgemäß als unfähig erwiesen. Das Motiv der Errettung findet sich also in beiden vorgestellten Plakaten. Beide Plakate propagieren, Hitler als Messias mit der Verantwortung für die ganze Nation zu beauftragen, die Staatsmacht an Hitler allein zu übertragen und sie damit in höchstem Maße zu zentralisieren. Der Wille und das Geschick des Führers entsprechen den Wünschen und Hoffnungen der deutschen Bevölkerung.

Zusammenfassend lässt sich sagen, die sozialen Umstände in der Weimarer Republik, wie die außenpolitische Bedrohung, die wirtschaftliche Krise und die politische Unruhe, gelten als Nährboden für den Auftritt des Charismatikers Hitler. Das Verlangen der Menschen nach einem starken Führer war angesichts der sozialen Unruhe groß. Die große Messias-Sehsucht der Menschen in dieser Zeit förderte unmittelbar die Wirkung der NS-Propaganda. Die NSDAP nutzte diese Krise in der Weimarer Republik aus, um Hitler dem Wunsch der Menschen nach als Hoffnungsträger für die Nation darzustellen und politisch zu personalisieren.

6.2 „Wunder" in Propaganda und Tat

Wer auf die Erwartungen und Bedürfnisse der Menschen erkennbar empathisch reagiert und sie quasi im Alleingang zu erfüllen weiß, der ist Charismatiker. Dem Weber'schen theoretischen Entwurf gemäß besteht ein Kennzeichen des Charismatikers darin, die Wünsche der Menschen mit dem Vollbringen von ‚Wundern' zu erfüllen, besonders auf dem Kriegsfeld. Medien wurden von der NSDAP gezielt eingesetzt, den Führer Hitler als Wunder-Bringer darzustellen und den Glauben der Menschen an ihn zu stärken. In diesem Kapitel wird darauf eingegangen, wie Hitler sich als Charismatiker während seines politischen Aufstiegs profilierte und dann später sein Charisma bewies, indem er derart wagemutige Ziele für die Gesellschaft ausgab, dass die Bevölkerung in ihm einen kompletten Gegenentwurf zum politischen Establishment der Weimarer Republik erkannte.

Bei seinen Redeauftritten griff Hitler die mehrheitlich wohl geteilten Wünsche seiner Zuhörer auf. In den Reden „Appell an die Nation" im Zuge der Reichstagswahl am 31. Juli 1932 und in der Rede auf der NSDAP-Versammlung in Dresden (1932) versprach Hitler den Deutschen (mehrere) Wunder. Er kritisierte die Regierung und äußerte Unzufriedenheit mit dem politischen Stand Deutschlands, womit er auf positive Resonanz in weiten Teilen der Bevölkerung stieß. Der Versailler Vertrag von 1919 wird in den Reden als eine Kette für Deutschland bezeichnet, durch die die Nation in die Talsohle gerät. Die Unfreiheit, die Arbeitslosigkeit und die Drohung weiterer Auswirkungen der Weltwirtschaftskrise bei andauernder Ohnmacht der Weimarer Regierung wurden ebenfalls stark von Hitler akzentuiert. In seiner Zustandsbeschreibung ließ er die Deutschen sich hilflos und wütend fühlen. Aber in den gleichen Reden zeigte er seinen Ausweg aus der Misere auf; er versprach Freiheit vom Joch der Reparationen, Arbeit und Brot. Er beschwor im Grunde, dass das deutsche Volk den nächsten Krieg gewinnen werde und dass die Deutschen dazu bestimmt seien, das führende Volk in Europa zu werden. Hitler muss dem Gläubigen Wunder bringen, um sein Charisma zu entfalten und die charismatische Rolle zu behalten.

Zu Beginn ihres Aufstiegs, in den frühen 20er Jahren, versuchte die NSDAP, in ihren Wahlkampfplakaten Hoffnung zu verbreiten. Das erste Plakat der NSDAP in der Weimarer Republik von 1924 trägt den Slogan „Deutschlands Befreiung", die vor einer Hakenkreuz-Sonne stattfinden wird. Das zweite NSDAP-Plakat im Jahr 1928 erscheint dann zu Zeiten der Hochkonjunktur der Weimarer Republik mit dem Text: „Brecht die Dawes-Ketten. Liste 10. Hitler-Bewegung" und zeigt illustrativ ein ähnliches Motiv. Hier befreit sich zwar nicht ein Adler von seinen Ketten, sondern eine Faust, jedoch streben beide Symbole zur gezeichneten Sonne, dem Symbol für Errettung und Freiheit, nicht unähnlich dem Heiligenschein.

Abb. 3: Propagandapostkarte: Deutschlands Befreiung, 1924.

Abb. 4: Propagandapostkarte: Brecht die Dawes-Ketten.
Liste 10. Hitler-Bewegung, 1928.

Zu dieser Zeit sind Sonnen und Ketten übliche Motive der NSDAP. Diese Motive verweisen auf die Knebelung durch den Versailler Vertrag von 1919. Die Darstellung der Sonne als „Heiligenschein" bringt zusätzlich ein religiöses Element ins Spiel, den Glauben an eine Ideologie. Für Max Weber ist der Glaube der Ausgangspunkt, um überhaupt eine Zuschreibung von Charisma vornehmen zu können und die Verbindungen zwischen religiösem Eifer und ideologischer Blendung herzustellen.

Nicht nur durch Versprechen und Propaganda, sondern mit Wundern, also der Erfüllung von im Vorfeld als eher unrealistisch eingestuften Erwartungen, behält der Charismatiker seine Macht. Besonders auf dem Kriegsfeld muss er als Kriegsführer den Feind besiegen und die unglücklichen Auswirkungen, die jeder Krieg mit sich bringt, wettmachen. Max Weber stellt dazu fest: „Wo Krieg und Jagd auf große Tiere fehlen, fehlt auch der charismatische Häuptling" (Weber 2009, S. 135). Er muss die Erwartungen der Menschen erfüllen, er muss auf ihre inneren psychischen Befindlichkeiten eingehen, sonst ist er offenbar nicht der von den Göttern gesandte Herr. Der Charismatiker bestätigt seine magische Begabung durch die Tat und erreicht das höchste Ansehen, wenn die Erwartungen der Menschen tatsächlich erfüllt werden. Zu Beginn von Hitlers Amtszeit als Reichkanzler gab es tatsächlich ein wirtschaftliches Wunder. Charisma wirkt sofort, um die jeweilige Bevölkerung von den Segnungen der neuen Zeit zu überzeugen. Die Arbeitslosigkeit ging zurück. Man fing an, Autobahnen zu bauen, und viele haben „Kraft durch Freude" gewonnen. Fortgesetzt wurden große Projekte gestartet, die unter den alten Herrschaftsformen undenkbar gewesen wären – die Ankurbelung der Wirtschaft durch massive Staatsverschuldung, die Gleichschaltung der Institutionen, die Einführung des Volksempfängers, große Parteitage und -aufzüge sowie andere Massenveranstaltungen, die Neuplanung der Hauptstadt Germania, die Errichtung von Erziehungsinstitutionen wie der Hitler-Jugend, die Aufrüstung und schließlich der Krieg mit angestrebter Ostausdehnung.

Besonders erhöht sich das Prestige des Führers auf dem Kriegsfeld des Westfeldzugs. Die Rolle des Kriegsherrn ist nach dem Weber'schen Konzept charakteristisch für Charismatiker. Hitler wurde im Jahr 1940 nach dem von allen unerwarteten schnellen Sieg über Frankreich als der größte Feldherr und Retter betrachtet. Was Hitler früher in den Reden beschworen hat, nämlich die „deutsche Befreiung", sollte so in der Tat zum Vorschein kommen. Millionen haben sich über die Wiederbesetzung des Rheinlandes, die Aufrüstung und den Anschluss Österreichs gefreut. Diese „Wunder", fast alles Übertretungen damaliger bilateraler Verträge und des Völkerrechts (Haager Landkriegsordnung 1907, Briand-Kellogg-Pakt 1928, Montevideo-Konvention 1933) sowie eklatante Missachtungen der Sitten und der Kultur bisheriger Staatsführung, wurden durch mediale Begleitung und entsprechend inszenierte Aufbereitung überhöht vermittelt und gepriesen.

Der Sieg an der Westfront 1940 erstaunte die ganze Bevölkerung. Der galt als Beweis für das Charisma Hitlers. Darin lag der größte militärische Erfolg seit dem Ersten Weltkrieg, in dem viele Städte in Deutschland verwüstet wurden und der psychische Wunden bei den Menschen hinterlassen hatte. Sowohl weite Teile der Bevölkerung, als auch die Parteimitglieder der NSDAP, die die Niederlage des Ersten Weltkriegs im Jahr 1918 und den Verlust zahlreicher Gebiete (u. a. Elsass-Lothringen und die Übersee-Kolonien) erlebt hatten, waren überwiegend pessimistisch, als Hitler Ende 1939 den Krieg im Westen erklärte. Innerhalb der NSDAP hielt eine Mehrheit der hohen Funktionäre einen Sieg gegenüber Frankreich für unrealistisch. Nach den Interviews mit vielen hochrangigen Offizieren hat der britische Historiker Liddell Hart 1964 von der pessimistischen Stimmung berichtet:

> Alle führenden Männer, mit denen ich sprach, einschließlich Rundstedts [...] geben zu, daß sie voller Zweifel über die Aussichten einer Offensive im Westen waren, wie denn auch Blumentritt bemerkte: Hitler allein glaubte daran, daß ein entscheidender Sieg möglich ist. (Hart 1964, S. 108)

Doch in wenigen Wochen trat das ein, was selbst Joseph Goebbels für unmöglich hielt, nämlich durchschlagende militärische Erfolge an der Westfront. Hitlers Armeen haben sich mit Blitzangriffen in einigen Tagen Hollands und Belgiens bemächtigt. Frankreich wurde in sechs Wochen mit Panzern und Flugzeugen besiegt. Der große Sieg wurde mit großen Titelüberschriften und umfangreichen Artikeln in allen Zeitungen landesweit verbreitet. Der unerwartete Sieg erstaunte und begeisterte die ganze Bevölkerung. Das ganze deutsche Volk jubelte über die Wunder auf dem Kriegsfeld. Der deutsche Vormarsch vollzog sich mit einem atemberaubenden Tempo. Die Soldaten an der Front erlebten den unerwarteten Sieg unmittelbar und waren von ihrem Triumph bisweilen selbst überwältigt. Ein junger Soldat schrieb in einem Brief in die Heimat:

> Du, gestern haben sie geglüht und waren aufgerüttelt, als die Hymnen erklangen nach der Meldung von der Kapitulation der belgischen Armee. [...] Diesmal war ich fast der Stillste. Denn bei der feierlichen Übertragung [...] kamen mir ganz leise die Tränen, weil es doch so viel war, was wieder hört, was erreicht worden ist [...]. (Tremper 1988, S. 53)

Hitler war mit dem Obstersten Befehlshaber nach dem Wehrmachtsbericht an die Front gekommen, um den Oberbefehl auszuüben. Damit knüpfte er bewusst an die Gewohnheit aus der Zeit der Dynastien an, dass die Frontsoldaten sich im Beisein des Kaisers patriotisch fühlen sollten. Hitler hat trotz allen Zweifels Niederländer, Belgier und Franzosen mit einer atemberaubenden Geschwindigkeit besiegt und die deutsche Nation von dem Versailler Vertrag seit der Niederlage des Ersten Weltkriegs befreit. Er hat durch die Tat bestätigt, dass er der Führer der ganzen Nation war, der für das Wohl derselben den Sieg errungt und damit das Gefühl, unterlegen zu sein, vertrieben hat. Nun sah die Zukunft wieder positiv aus, denn es war nicht nur eine Befreiung von den Fesseln des Versailler Vertrags, sondern der große schnelle militärische Erfolg schien dauerhaft anzuhalten, gründete er sich doch auf eine quasi himmlische Begabung.

Das Reichpropagandaministerium nahm solche Wunder auf dem Kriegsfeld zum Anlass, Hitler als Feldherrn zu verherrlichen und ihn als großen Führer in der deutschen Geschichte zu vergöttlichen. Der Reichsmarschall Hermann Göring hat am 20. Mai 1940 in Berlin eine Pressekonferenz über den großen Sieg auf dem Westfeldzug abgehalten, die von Raichle als „Anstoß" zu weiterer Propaganda galt, Hitlers Bild vom Feldherrn zu festigen (Raichle 2014, S. 262).

Göring betonte auf dieser Konferenz, dass der Führer Hitler allein den „Erfolg ermöglichte", und seine „geniale Führung" alle Erfolge bestimmte (vgl. ebd., S. 267). Jeder Erfolg auf dem Kriegsfeld war dem gottgleichen Führer zu verdanken. Goebbels hat auf die Aussagen in dieser Konferenz seinerseits reagiert, indem er veranlasste, dass in allen weiteren Wehrmachtsberichten Hitlers Funktion als Leitung der „Gesamtoperationen" zu betonen sei. Görings Worte auf der Konferenz wurden als Schulung für die ganze Partei eingesetzt. Eine Schrift namens „Der Führer als Staatsmann und Feldherr" wurde aufgelegt, in dem die Rede Görings fast komplett zu finden war (vgl. ebd., S. 271 ff.).

Die Reichspropaganda pries auf der Pressekonferenz überhöht die besondere Persönlichkeit des Führers und versuchte mit dem unerwarteten Sieg an der Westenfront zu beweisen, dass Hitler der von Gott gesandte Herr mit „himmlischen Gnade" und „göttergleichen Heldenkraft" war (Weber 2009, S. 136). Görings Behauptung zufolge sei Hitler ein „Feldherrngenie", der über ein umfassendes Wissen auf den Gebieten Militär und Technik verfügte (vgl. Raichle 2014, S. 269). Hitler soll alle militärische Literatur studiert haben und jede Waffe bis in das kleinste Detail kennen. Talent und Leistung des Führers wurden propagandistisch hervorgehoben, um den Führerkult unter den Menschen weiter zu treiben.

Göring machte auf der Pressekonferenz nicht nur auf die Leistung des Führers, sondern gleichzeitig auf die Anerkennung des deutschen Volks gegenüber seinem Führer aufmerksam:

> Das deutsche Volk [...] weiß, daß er auch hier der Führer ist, der diese Erfolge ermöglichte. Seine geniale Führung hat die Grundlage für alle Erfolge geschaffen. Das deutsche Volk kennt seinen Führer. Die gewaltige Kraft der deutschen Volksgemeinschaft ist sein Werk. Als der große Staatsmann unserer Zeit ist er in den letzten Jahren ohne Waffenanwendung ein Mehrer des Reiches gewesen wie niemals ein Staatsoberhaupt Deutschlands zuvor. In seiner Person vereinigen sich staatsmännische Führung und geniale Feldherrnkunst. (zit. nach Raichle 2014, S. 267)

Mit dem Satz „Das deutsche Volk kennt seinen Führer" wies Göring darauf hin, dass das deutsche Volk von Hitlers Führungsqualitäten überzeugt war. Es stellt seine Sonder- und Alleinstellung im deutschen Staatswesen nicht im Geringsten in Frage, weil es an seine Genialität glaubte. Diese schon nach Göring bestehende große Anerkennung gegenüber seinem Führer versucht der Reichsmarschall, mit seinen Worten noch zu vertiefen. Anerkennung gilt als die Basis in der Beziehung zwischen dem Führer und der Volksgemeinschaft. In ihr liegt nach Weber der Kern der charismatischen Herrschaft. Die Anerkennung ist im altchristlichen Sinn ein Merkmal religiöser Praxis, die als Gottvertrauen eine

Art blinder Ergebenheit nach sich zieht. Diese unerschütterliche Hoffnung als Grundhaltung überträgt sich auf das weltliche Staatswesen, wodurch sich der charismatische Führer befähigt sieht, die Volkssouveränität komplett auf sich zu vereinigen und für sich zu proklamieren (vgl. Weber 2009, S. 133). Wehler fügt auf der theoretischen Basis von Weber hinzu, dass Millionen Deutsche von den Leistungen des Charismatikers Hitler schnell und grundlegend überzeugt wurden (vgl. Wehler 2007, S. 177). Nicht nur durch das rhetorische Talent, sondern auch durch die heldenhafte Tat auf dem Kriegsfeld und nicht zuletzt die überhöhte propagandistische Vermittlung erlangte Hitler die Anerkennung und höchstes Ansehen in der deutschen Bevölkerung.

Bei dem Versuch, Wunder auf dem Kriegsfeld medial zu überhöhen, handelt es sich nicht nur um eine politische Maßnahme im klassischen Sinne, z. B. das Prestige des Führers zu steigern, sondern auch darum, die Weltanschauung der Menschen zu lenken. Das medial vermittelte ‚Wunder' beweist, wie richtig und wichtig es ist, statt parlamentarische Auseinandersetzung zu betreiben, eine Marsch- und Zielrichtung durchzusetzen und dabei bedingungslos und leidenschaftlich an den Führer zu glauben. Zimmermann sieht in der medial betriebenen Propaganda eine gezielte ideologische Lenkung, die Verschiebung von Verhaltensstandards und gesellschaftlichen Werten zu ermöglichen (vgl. Zimmermann 2007, S. 261 ff.). Diese ideologische Lenkung ist sogar die Schlüsselfunktion der Medien. Die Pressekonferenz am 20. Mai 1940 erfüllt diese Funktion, auf der Göring die bedingungslose Durchführung des Willens des Führers hervorhob:

> Es war nicht immer leicht für den Führer, seine Gedanken und seine Pläne sofort verständlich zu machen. [...] Der Führer [...] gibt seiner Wehrmacht in täglich[en] klaren Befehlen Weisung über Vormarsch, Angriff und Verteidigung. Blitzschnell ändert er, wo notwendig, Marschdispositionen der Armeen und Divisionen und vereinigt sie dort, wo er den wuchtigen Schlag zu führen gedenkt. Hierzu ist kein langer Kriegsrat notwendig, sondern blitzschnell entspringen die Entschlüsse dem Hirn des Führers und werden ebenso schnell in die Tat umgesetzt. (zit. nach Raichle 2014, S. 267)

Christoph Raichle kommentiert die Äußerungen Görings dahingehend, dass die Pressekonferenz ein schwerer Schlag in das Gesicht aller derer sei, die an den großen Führer von vornherein nicht geglaubt hatten (vgl. Raichle 2014, S. 269 ff.). Göring unterstrich, dass es nicht nötig sei, den Gedanken des Führers zu verstehen oder seine Entscheidungen zu bewerten, sondern dass vielmehr seine Befehle „schnell in die Tat" umgesetzt werden müssen. Hier forderte Göring eine andere politische Denkweise als im Parlament, nämlich das Diskussion und Richtungsstreit zugunsten eines blinden Gehorsams entfallen, zumal die politische Macht ohnehin in einer Person nun gebündelt ist. Die gedankenlose und bedingungslose Befolgung der Befehle gewährleistet den Sieg im Krieg. Damit rechtfertigte Göring die Ersetzung der Vernunft durch Glauben an Hitlers Führung. Der leidenschaftliche Glauben der Menschen entspricht dem theoretischen Entwurf von Weber über die charismatische Herrschaft. Aus Sicht von Weber sei das höchste Recht die vom Träger des Charismas geäußerte Sendungskraft seiner „himmlischen Gnade" und „göttergleichen Heldenkraft". Die Gläubigen verpflichten sich, die Befehle des Charismaträgers zu befolgen (vgl. Weber 2009, S. 136). Wie in der Religion Pflicht und Glaube eng zusammenhängen, indem eine Pflicht zum Glauben und aus dem Glauben wiederum Pflichten zum Handeln abgeleitet werden, so rückt Göring die Autorität des Führers in die Nähe gottgleicher und nicht zu hinterfragender Alleinstellung.

Zusammenfassend lässt sich festhalten, dass die Medien als wichtiges Instrument in der charismatischen Herrschaft Hitlers fungieren, dass über sie den Menschen Wunder versprochen werden, dass in ihnen diese ‚Wunder' dargestellt und erläutert werden und dass in der damit verbundenen Aufbereitung eine Inszenierung greift, die die Wünsche und Sehnsüchte der gemeinen Menschen aufgreift und die Resultate der Anweisungen des Führers mit der vermeintlichen Erfüllung dieser ‚Wunder' eingeführt. Auf diese Weise wird der Führerkult betrieben. Das höchste Prestige des Führers entspringt aber nicht der Inszenierung oder medialen Behauptung, sondern der Tat, die als historisches Ereignis nachvollziehbar und überprüfbar ist. Der Führer rechtfertigt seine Macht besonders durch die heldenhafte Tat auf dem Kriegsfeld. Die Medien nehmen solche Ereignisse ins Visier und preisen überhöht die Persönlichkeit des Führers. Die Propaganda zielt nicht nur darauf, das Ansehen des Führers zu erhöhen, sondern auch die Weltanschauung der Menschen zu lenken, bzw. die Menschen von einer primär vernunftgeleiteten Sichtweise auf die politische Lage abzubringen und zu blindem Glauben an den und Gehorsam gegenüber dem Führer zu bewegen.

6.3 Ideologie und Unterhaltung

Die nationalsozialistischen Ideologien lassen sich durch darstellende und visuelle Kunst, durch Baukunst, Filmkunst und die Musik propagieren. Die Nationalsozialisten medialisieren und ästhetisieren ihre Werte, um die Gedanken der Menschen zu lenken. Gleichzeitig werden viele Unterhaltungsprogramme in der NS-Zeit, besonders nach dem Kriegsausbruch, als Ablenkung und Trost angeboten. In vielen Medienprogrammen ist aber die Grenze zwischen Propaganda und Unterhaltung fließend, sodass eine Mischung aus der NS-Propaganda und Unterhaltung charakteristisch ist. Dieses Kapitel beschäftigt sich mit der Umsetzung der Nazi-Rassen-Theorie und der Geschlechter-Ideologie in der Bildhauerei, in der Filmkunst und der Musik sowie in den Unterhaltungsprogrammen via Volksempfänger während der NS-Zeit.

Hitlers Rassenlehre steht im Kern des nationalsozialistischen Entwurfs einer dienenden Bildhauerei, in der die biologische Schönheit der Körper idealisiert wird. In der späteren Bundesrepublik gab es zahlreiche Ausstellungen zur NS-Kunst, z. B. in München 1987 oder in Berlin 1992 und 2015, in denen immer wieder die Debatte geführt wurde, inwieweit man überhaupt von Kunst reden könne und ob nicht die Werke lediglich auftragskonformes Handwerk darstellten. Diese Debatten fragten auch nach dem grundsätzlichen Ziel von Kunst und, ob es überhaupt darin liegen könne, den Wunsch nach Idealen wie Stärke, Größe und Schönheit in ästhetischen Ausdrucksformen nachzukommen (vgl. Hinz 1989, Benz/Eckel/Nachama 2015). Vor allem dreht sich die Debatte um die NS-Kunst immer wieder um die Fragen, welche typischen Erscheinungsmerkmale die NS-Kunst kennzeichnen und welche Formen, Motive und Bestandteile allgemein als schön in der Kunst während der NS-Zeit galten. Die Kunst der NS-Zeit wurde von der politischen Macht manipuliert, deren Ästhetik vor allem auf den Vorstellungen der NS-Ideologie basierte. Adolf Hitler, selbst verhinderter ‚Künstler', hat 1934 auf dem „Parteitag der Einheit und Stärke" in Nürnberg angedeutet, dass er weder moderne Kunst, wie Kubisten, Futuristen, Dadaisten, noch „Rückwärtse" in der Kunst wolle, sondern eine neue deutsche Kunst (vgl. Reichel 2007, S. 169). Der Politikwissenschaftler und Historiker Peter Reichel versteht unter Hitlers „neuer deutscher Kunst" eine Illustration der nationalsozialistischen Weltanschauung für die Zeit, die sich von der germanisch-deutschen Vergangenheit bis in die große deutsche Zukunft erstrecke. Das rassische Schönheitsideal kommt im Volkskörper zum Ausdruck. Für die Nationalsozialisten handelt es sich bei Schönheit um ein biologisch-medizinisches Phänomen, aus dem sich geradezu zwangsläufig eine bestimmte Ästhetik ergebe. Hitler meinte, dass das Gebot der Schönheit immer Gesundheit heißen solle, deshalb ist der starke, gesunde und ideale Volkskörper überwiegend Objekt der NS-Kunstwerke. Außerdem werden auch Heimat-Motive, besonders Landschaftsdarstellung wie Berg, See und Heide sowie Landwirtschaftsdarstellungen zu Themen der NS-Kunst (vgl. ebd., S. 166 ff.).

Arno Breker (1900–1991) war ein umstrittener nationalsozialistischer Bildhauer, der die NS-Rassen-Ideologie durch den gesunden und ‚arischen' Menschenkörper versinnbildlichte und dessen Kunstwerke repräsentativ für die NS-Bildhauerei stehen. Er hat die antike Plastik mit dem Konzept des idealen arischen muskulösen Volkskörpers verknüpft, in der die rassistische Ideologie sich spiegelte. Seine Ästhetik schulte er während seines langen Studienaufenthalts in Italien, wo er von klassischer griechischer Kunst beeinflusst wurde. Seine Skulptur-Kunst wurde durch die Werke „Zehnkämpfer" und „Siegerin" von Hitler anerkannt, danach wurde er zum Lieblingsbildhauer Hitlers, was ihm eine Sonderstellung als Künstler im Dritten Reich verlieh. Neben zahlreichen Preisen erhielt er für die beiden Werke die Silbermedaille im Plastik-Wettbewerb 1936 in Berlin (vgl. Egret 1996).

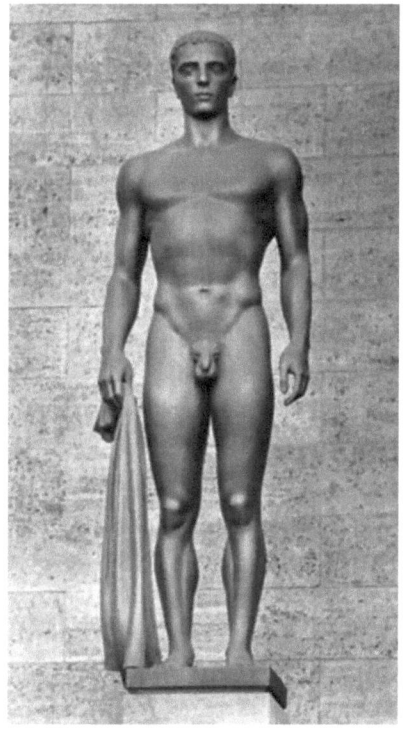 

Abb. 5: Breker, Arno: Zehnkämpfer, 1936.   Abb. 6: Breker, Arno: Die Siegerin, 1936.

Nach dem Kriegsausbruch schuf Breker viele kämpferisch-heroische Skulpturen, die durch Mimik der Figuren und körperliche Linien den starken Willen der Nation, Glauben und Zuversicht der Volksgemeinschaft symbolisierten. In dieser Zeit war das Thema ‚Kampf' in Brekers Werken dominant. Die monumentalen heroisierten männlichen Skulpturen sind einerseits Sinnbilder des starken Willens, der das deutsche Volk durch Kampf von dem Versailler Vertrag befreit und sein Unglück abwendet; andererseits sind sie eine Analogie des deutschen Volkes, das sich als führende Nation nach dem Krieg in der Welt darstellt (vgl. ebd.).

Leni Riefenstahl gehört auch zu den umstrittenen Prominenten der Zeit, deren Kunst mit der Macht des NS-Regimes verbunden war. Sie ist als Filmregisseurin, -schauspielerin, -produzentin sowie als Tänzerin und Fotografin bekannt. Ihre künstlerische Innovation und Kreativität wurden Zeit ihres Lebens einerseits verehrt und andererseits aufgrund ihrer Identifikation mit dem NS-Regime und der damit willentlichen Unterwerfung unter die künstlerischen Vorstellungen jener Zeit kritisiert. In ihrem Regiedebüt „Das blaue Licht" nimmt sie die Hauptrolle, die Regie, die Produktionsleitung und den Schnitt wahr. „Das blaue Licht" gehört zum Genre des Bergfilms, das von Arnold Fanck in den 20er Jahren begründet wurde. Mit „Metaphern" und „Symbolen" präsentiert Leni Riefenstahl die schöne Natur in einer „visueller Harmonie" aus einer „subjektivierten emotionalen Sicht". Das „Idealbild" der Natur wird mit Meer und Bergen dargestellt, die ihrerseits wiederum das ewige Prinzip von Frau und Mann symbolisieren (vgl. Koebner 2001, Weinsheimer 2002). Der Film „Das blaue Licht" war ein großer Publikumserfolg und zog nach der Uraufführung 1932 Hitlers Aufmerksamkeit auf sich. Von 1933 bis 1935 hat Riefenstahl die Reichsparteitagstrilogie „Sieg des Glaubens", „Triumph des Willens" und „Tag der Freiheit" im Auftrag des Reichspropagandaministeriums für das Kino gedreht. 1936 bis 1938 arbeitete Riefenstahl an ihrem bis dahin größten Projekt, dem offiziellen Dokumentarfilm „Olympia" zu den Olympischen Spielen 1936 in Berlin. Er kam nach vielen Umbearbeitungen, nachträglichen Dreharbeiten und auf unterschiedliche nationale Bedürfnisse angepassten Versionen 1938 in die Kinos. Unter anderem durch Zeitlupe hat Riefenstahl die Schönheit und das Ideal körperlicher Bewegung dokumentiert, was mit der künstlerischen Darstellungsweise von Breker korrespondiert, nämlich den idealisierten muskulösen Körper mit den ästhetischen Grundprinzipien der antiken Plastikdarstellung verknüpft darzustellen. Am Anfang des Films „Olympia" werden in einer antiken Ruine einige Körper-Skulpturen gezeigt, um den Ursprung des olympischen Geistes von Griechenland zu betonen, der noch in den XI. Olympischen Spielen in Berlin als allgegenwärtig beschworen wird. In diesem Film präsentiert Riefenstahl nicht nur Sportler und ihre Leistungen, die geeignet sind, den nationalen Stolz hervorzurufen, sondern sie vermag durch die Inszenierung, die Leistungen und das gesamte Geschehen während der Spiele in einen größeren Zusammenhang einzubetten. Indem sie den Körperkult und das körperliche Ideal von Kraft, Ausdauer und muskulöser Schönheit und graziöser schwunghafter Bewegungen in zahlreichen Einstellungen hervorhebt, verweist sie auf die lange Tradition dieser Anschauung seit der griechischen Antike. Vor diesem weiten historischen Hintergrund entsteht implizit eine Referenz zur NS-Rassen-

Ideologie. Sie leitet sich auf diese Weise von Jahrtausende alten und insofern als ‚bewährt' markierten Idealvorstellungen des Menschen ab.

Leni Riefenstahl ist eine der wenigen Frauen, die im Dritten Reich Karriere machten und große Aufmerksamkeit auf sich zogen, während die meisten deutschen ‚arischen' Frauen eher auf die Rolle als treusorgende Hausfrau und Mutter reduziert wurden. Wie in anderen Epochen der abendländischen Geschichte sind Frauen Ute Frevert zufolge in der NS-Zeit das zweite Geschlecht im Sinne der biblischen Vorstellung der Schöpfungsgeschichte. Im Dritten Reich wurde der Status der Frauen in der Gesellschaft in keiner erkennbaren Weise angehoben (vgl. Frevert 2000, S. 246). Viele Soziologen und Historiker wie Ralf Dahrendorf und David Schoenbaum behaupten sogar, dass das Dritte Reich eine zutiefst emanzipationsfeindliche Frauenhölle war (vgl. Kronenberg 2006).

Die NSDAP propagierte die rückständige Geschlechter-Ideologie, um die Mutterrolle aufzuwerten und die Geburtszahl der arischen Kinder zu erhöhen. Die Grundfunktion von Frauen lässt sich in Hitlers ‚Mein Kampf' deutlich nachlesen: Im idealen Völkischen Staat vermögen die Frauen möglichst viele Kinder zur Welt bringen, damit darunter auch viele Söhne sind, die später wehrtüchtig werden (vgl. Hitler 1941). Nach der NS-Ideologie ist die wichtigste Mission der Frauen die Sorge um Familie, Haus und Rasse, damit das deutsche Volk über eine hohe Geburtenzahl den Rassenkampf ‚gewinnt'. Im Dritten Reich wurden Mädchen ideologisch gezielt auf die künftige Mutterrolle vorbereitet. Ute Frevert hat die Geschlechterbilder des frühen Nationalsozialismus untersucht, mit dem Ergebnis, dass es idealisierte Geschlechterbilder sind, nämlich der Mann als Soldat und die Frau als Mutter (vgl. Frevert 2007, S. 243). Die NSDAP propagiert die sogenannte staatsbürgerliche Aufgabe der Frauen, rassisch wertvolle Kinder zu gebären und zu erziehen. In dem Plakat unten „Dem Führer – Die Jugend" wird Hitler als gnadenreicher Vater des Volks im Hintergrund der NS-Flagge dargestellt. Die Mutter hebt den Jungen in die Höhe und wendet sich dem Führer in einer glücklichen Stimmung zu. Dem Führer deutschblütige Kinder zu schenken, ist erfreulich, zumal auch das Kind im Bild den Anschein erweckt, es blicke erfreut seinen Vater an. Die erhöhte Position des Hitler-Konterfeis und sein über die beiden Familien-Figuren hinweg strebender Blick, gepaart mit einem milden Lächeln und einem gönnerhaften Gesichtsausdruck, zeigt an, dass er als über allem stehende Person das Geschenk nicht für sich, sondern für etwas ‚Größeres' annimmt, nämlich für das deutsche Volk und für seine ‚Bestimmung'. In diesem Sinn werden die Frauen ermuntert, die Mutterrolle anzunehmen.

Abb. 7: Propagandapostkarte: Dem Führer – die Jugend, 1939.

Die Medienpropaganda in der NS-Zeit sorgt dafür, den arischen Müttern und Hausfrauen in der Gesellschaft einen anerkennenswerten Platz in der Gesellschaft zu geben, damit sie sich untereinander in ihrer politisch untergeordneten Rolle vereint und vom Staat geschützt fühlen. Viele Medienangebote wurden gezielt für die arischen jungen Mütter und Hausfrauen produziert, um ihnen zu zeigen, dass sie nicht allein sind. Mit der medial unterstützten Gemeinschaft der Frauen versuchte das NS-Regime eine rigorose wechselseitige Kontrolle der Loyalität zur Staatsideologie zu etablieren. Ein Ausbrechen aus der Mutterrolle sollte bereits mikrosozial geächtet werden. Nach Zimmermann wurden in der NS-Zeit zahlreiche von Hausfrauen gewünschte Beiträge geliefert, damit die Rolle als Mütter in der Öffentlichkeit bestätigt wurde (vgl. Zimmermann 2007, S. 135). Nicht nur die propagandistische Bestätigung der Frauenrolle, sondern auch das Gesetz und Projekte im Zusammenhang mit dem sogenannten Schutz für die Mission der Frauen wurden vom Staat durchgeführt. Nach dem Gesetz in der NS-Diktatur durften gesunde arische Frauen zum Schutz des deutschen Blutes Schwangerschaften auf keinen Fall verhindern oder unterbrechen. Das NS-Regime belohnte die kinderreichen Ehepaare mit steuerlicher Begünstigung und direkter finanzieller Unterstützung (vgl. auch Frevert 2000, S. 243). Es gab viele Projekte, die arischen Mütter zu schützen. Z. B. wurde das Hilfswerk ‚Mutter und Kind' 1934 gegründet, in dem nicht jüdische, sondern nur „arische Schwangere, junge Mütter und Nachwuchs" mit niedrigen Einkomen betreut wurden (vgl. ebd.). Solche Projekte wurden in der NS-Propaganda thematisiert, um die Mutterrolle als ruhmreiche Mission zu preisen. Das Plakat von 1934 mit dem Titel „Unterstützt das Hilfswerk Mutter und Kind" zeigt eine arische Mutter im Hintergrund einer idyllischen heimatlichen Landschaft und einen Heiligenschein hinter ihrem Kopf. Die harmonische Atmosphäre von Heimat deutet darauf hin, dass die Mutterrolle für das Heimatland und die deutsche Tradition wertvoll ist. Diese arische Frauenfigur erinnert stark an die heilige Maria, die Mutter Jesus, so wie sie in mancher religiös motivierter Ölmalerei präsentiert wird. Rassisch wertvolle Kinder zu versorgen und großzuziehen ist in der durch die Nationalsozialisten neu ausgerufenen Epoche quasi heilig. Und dieser Dienst am Volk wertet die Mutterrolle wiederum gesellschaftlich auf.

Abb. 8: Propagandapostkarte: Unterstützt das Hilfswerk, Mutter und Kind, 1934.

Die Aussage zur Rolle der Frauen in der Gesellschaft wandelte sich in den Medien aber sofort, als sich ein sozialer Wandel nach dem Kriegsausbruch vollzog. Nun wurde die Ausübung eines Berufs von Frauen aufgewertet. Frevert beschreibt, wie nach dem Kriegsausbruch 1939 die Frauen wegen eines neu entstandenen Mangels an Arbeitskräften, speziell in der kriegswichtigen Metallindustrie, in die Arbeitswelt der Männer eingetreten sind. Von einer Eindämmung der Frauenerwerbsarbeit war nicht mehr die Rede. Aber weibliche Kollegen konnten nicht in die hohen Positionen aufsteigen, die für die heimkehrenden Männer nach Kriegsende frei gehalten wurden (vgl. Frevert 2000, S. 255). Dass die Frauen nun verstärkt berufstätig waren, wurde von den Medien nicht verschwiegen. Nach der Beobachtung von Fox wurden unter Einfluss des Kriegs weibliche Berufserfahrungen im Spielfilm sichtbar. Die Berufstätigkeit der Frauen wurde auch in der Öffentlichkeit aufgewertet (vgl. Fox 2000, S. 220). Trotzdem wurden der Statistik zufolge weibliche Figuren dreimal häufiger als männliche Figuren bei der Hausarbeit in Filmen gezeigt. Und männliche Filmrollen verkörperten häufiger machtvolle Positionen als weibliche Figuren, was der sozialen Realität entsprach (vgl. Zimmermann 2007, S. 197). Das Wunschbild der Geschlechterrollen wurde also in dieser Zeit strikter Zensur nicht verlassen, sondern lediglich aus rational-opportunen Gründen erweitert, oder, wenn man so will, aufgeweicht.

Nicht nur ideologische Propaganda, sondern auch Unterhaltung in Radio und Film gehörten zu alltäglichen Medienangeboten besonders nach Kriegsausbruch, die Trost für die als schwer empfundenen Zeiten gaben und einen Zugang zu einer medialen Welt boten, wo man Krieg und Mangel entfliehen konnte. Micharla Haibl berichtet, dass nach der Statistik für das Jahr 1938 in dem Rundfunkprogramm der Anteil an Marsch- und Blasmusik nur 2,5 Prozent betrug, die ernste Musik bei acht Prozent lag, und Unterhaltungs- und Tanzmusik 60 Prozent des Gesamtprogramms ausmachte. Neben dem Rundfunk sorgte das Kino für Zerstreuung. 80 Prozent aller in Deutschland zwischen 1933 und 1945 produzierten Filme sind dem Genre des Unterhaltungsfilms zuzuordnen. Die übrigen 20 Prozent dienten direkt der nationalsozialistischen Ideologisierung. Die Ausrichtung an der Unterhaltung war vor allem aus der Sicht Goebbels' wichtig: Man solle nicht immer Gesinnung machen. Solche kleinen Amüsements seien für den Tagesbedarf zu produzieren. Nach dem Kriegsausbruch 1939 wurden tendenziell mehr Programme zur Befriedigung des Ablenkungs- und Unterhaltungsbedürfnisses der Menschen aufgelegt und produziert (vgl. Haibl 2007, S. 196). Neben den Unterhaltungsfilmen aus Deutschland begeistert sich das deutsche Publikum noch über amerikanische Revuefilme wie „Broadway-Melody of 1936" und „Tiller-Girls", die als eine „glänzende Gegenwelt" zur Entlastung von der Realität wirken (vgl. ebd., S. 200 ff.).

Liebe im Krieg ist das Hauptthema der Filme nach dem Kriegsausbruch in NS-Deutschland. Sie stellen damit eine Mischung zwischen der ideologischen Propaganda und der primär nachgefragten Unterhaltung dar und wurden in diesem Sinne gezielt vom Propagandaministerium eingesetzt. Die Grenze zwischen Unterhaltung und Propaganda ist bei vielen Medienangeboten fließend, denn beide Zielsetzungen lassen sich mit emotional stark ansprechenden Motiven erreichen. Außerdem müssen sich beide Zielsetzungen keineswegs widersprechen. Nationalsozialistische Werte umfassen treue Liebe genauso wie das Ideal von Kameradschaft und Gemeinschaft. Der Spielfilm „Die große Liebe" aus dem Jahr 1942 von Rolf Hansen war z. B. ein erfolgreicher kommerzieller Film zum Thema ‚Liebe im Krieg'. Die Geschichte beginnt damit, dass sich die beiden Hauptfiguren Paul Wendlandt, ein Oberleutnant der Luftwaffe, und die populäre dänische Sängerin Hanna Hoberg kennen- und lieben lernen. Kurz danach stehen die beiden Verliebten in der Handlung vor dem Konflikt zwischen dem eigenen Glück und der militärischen Dienstpflicht wegen des Ausbruchs des Krieges. Paul zeigt seine Bereitschaft, der Nation zu dienen, obwohl er keinen Befehl erhalten hat. Hanna kann das nicht verstehen, und das führt zum Streit. Paul hat nicht wegen eines Befehls auf Hanna verzichtet, sondern aus innerem Drang, sein Leben für das Vaterland zu riskieren. Hanna lernt auch, Pauls Sichtweise zu akzeptieren und auf ihn zu warten, ihm zu vertrauen. Am Ende zeigt der Film eine hoffnungsvolle Szene, in der die Liebenden, wieder vereint, zum Himmel aufsehen, wo das vorüberziehende deutsche Bombergeschwader den Sieg zukünftig bringt. Das Thema Liebe im Krieg bezieht sich in diesem Filmbeispiel nicht nur auf die Liebesgeschichte zweier Figuren, sondern auch auf die Liebe zu Deutschland. Dem Filmhelden Paul wird der Militärdienst nicht aufgezwungen. Im Gegenteil kommen die Opferbereitschaft und der Einsatzwillen aus seiner tiefen Überzeugung, womit der Film nicht nur ein moralisch gewünschtes Verhalten eines Soldaten präsentiert, sondern auch den Militärdienst idealisiert, in dem die Soldaten freiwillig und leidenschaftlich für das Vaterland kämpfen. Die Zuversicht und das Vertrauen auf die Liebe der Filmheldin Hanna sind dabei auch als Belohnung für die Entscheidung zu verstehen und sie ergänzen den ganzen Film um diese unterhaltsame und romantische Note.

Eine ähnliche Romanze zeigt der Spielfilm „Wunschkonzert" (1940) von Eduard von Borsody. Die beiden Verliebten haben sich bei den Olympischen

Spielen zufällig kennengelernt und angesichts des Krieges wieder verloren, aber schließlich finden sie sich über ein Rundfunk-Wunschkonzert-Programm wieder und verloben sich. Opferbereitschaft, Mut, Disziplin und Tapferkeit des Mannes in der Kriegszeit und die Treue und Zuversicht der Frau für die Liebe machen die Geschichte spannend und romantisch. Einige Ausschnitte aus Leni Riefenstahls Olympia-Film wurden verwendet, in denen der Nationalstolz und die körperliche Ästhetik zum Ausdruck kommen. Eine Schlüsselrolle in der Handlung spielt das Wunschkonzert, das als populäre musikalische Radiosendung wirklich wöchentlich existierte. Nach dem Ausbruch des Kriegs kam diese Live-Radiosendung neu ins Programm, in der die Musikwünsche der Soldaten an der Front und deren Angehörigen ausgestrahlt wurden. Es entsteht ein Gefühl von Verbundenheit zwischen den an der Front Weilenden und ihren Ehefrauen, Verlobten und Freundinnen, aber auch zwischen den Zuhörern am gleichen Ort, unter den Soldaten innerhalb der gleichen Division oder Brigade genauso wie unter den Frauen in der Nachbarschaft. Man hört voneinander, lernt den Musikgeschmack der anderen kennen und kann sich über den erfüllten Wunsch und die Namensnennung im Radio unmittelbar austauschen. Diese Sendung dient der Verbindung zwischen Front und Heimat, mobilisiert das Heer und solidiert die nationalsozialistische Volksgemeinschaft. Der Liebesfilm basiert auf diesem Wunschkonzert, und wurde sogar von einigen Zuhörerinnen dieses Programms inhaltlich angeregt. Der Film erhielt von der Zensurbehörde Filmprüfstelle in der Weimarer Republik die Prädikate „Staatspolitisch wertvoll", „Künstlerisch wertvoll", „Volkstümlich wertvoll" und „Jugendwert" (vgl. Koch 2006, S. 1).

Neben Spielfilmen wurde Musik für die Unterhaltung des alltäglichen Lebens in NS-Deutschland eingesetzt, die aber zum Teil gleichzeitig für die NS-Rassen-Politik instrumentalisiert wurde. Über Musik im Dritten Reich gibt es seit langem eine ausführliche Forschung und Diskussion, die von dem Essay „Kritik des Musikanten" 1956 von Theodor W. Adorno ausgelöst und dem Buch „Musik im NS-Staat" von Fred K. Prieberg (1982) sowie der Ausstellung „Entartete Musik" in Düsseldorf (2014) bereichert wurden. War Richard Wagners musikalisches Schaffen in seiner thematischen Wahl und opulenten Ausdrucksform der NS-Ideologie ähnlich oder wurde seine Kunst von der Politik instrumentalisiert? Die Auseinandersetzung mit der deutschen klassischen Musik und ihrer vermeintlichen Wesensverwandtschaft mit der Rassenpolitik des Nationalsozialismus weckt heutzutage noch das Interesse vieler Historiker und Musikologen.

Hitler betrachtete die deutschen klassisch-romantischen Musikwerke von Bach, Beethoven, Wagner und Bruckner als Repräsentation der germanischen Kultur, die die Seele des Volkes spiegelt und zur nationalen Identifizierung beiträgt. Wer diese Musik liebt und in ihrer Tiefe durchdringt und zu schätzen weiß, der ist vom Stamme der Germanen. In der NS-Zeit wurde die Musik der klassischen deutschen Komponisten zu einer Kunstform aufgewertet, von der die Nationalsozialisten erklärten, sie beriefe sich auf die kulturellen Wurzeln, die nationale Geschichte und das nationale kollektive Gedächtnis. Im Hören von klassischer Musik würde die Assoziation einer nationalen kollektiven Seele geweckt. Beim klassischen Musikhören wird technische Kritik nicht benötigt, denn man erlebt eine Art Glückszustand, in dem das Herz für die deutsche Nation schlägt. Hitler redete über das klassische Musikhören im Nürnberger Opernhaus am 6. September 1938:

> Nicht der intellektuelle Verstand hat bei unseren Musikern Pate zu stehen, sondern ein überquellendes musikalisches Gemüt. Wenn irgendwo, dann muss hier der Grundsatz gelten, dass 'wes das Herz voll ist, des Mund überläuft'. Das heißt: wer von der Größe, der Schönheit oder dem Schmerz, dem Leiden einer Zeit und seines Volkes durchdrungen oder überwältigt wird, kann, wenn er von Gott begnadet ist, auch in Tönen sein Inneres erschließen. (Dümling 2007, S. 192)

In diesem Sinne verband Hitler gerade die Sinfoniekonzerte mit der Funktion eines politischen, ideologischen Rituals, bei dem ein patriotisches Gefühl in den Zuhörern ausgelöst werde. Dabei rückt auch der Entstehungszusammenhang zwischen Komponist/Komposition und dem Zeitalter von Friedrich des Großen in den Vordergrund, einer Zeit von politisch-militärischer Stärke und epochaler Musikkunst. Wer an diese glorreiche Tradition anzuknüpfen sucht, der sendet als Botschaft ebenso aus, sich nicht mit der Niederlage des Ersten Weltkriegs zu identifizieren. Durch das klassische Musikhören rücken die Deutschen als Völkergemeinschaft zusammen, die die gleiche nationale Identität verteidigen.

Die Musikpolitik wurde mit der NS-Rassenpolitik verbunden. Die reine germanische Musik steht für die deutsche „blutgebunden-seelische Ausdrucksform" und wurde durch Politik und Gesetz geschützt. Demgegenüber standen die Musikwerke, die von jüdischen Komponisten wie Felix Mendelssohn Bartholdy geschrieben wurden. Den jüdischen Komponisten wurde unterstellt, dass sie mit ihren Werken die schöpferischen Kräfte und Gesinnungswerte des deutschen Volks zersetzt hätten. Die germanische Kultur werde von Juden seelisch versklavt. Das Musikleben der Deutschen benötigt reine arische Kunst, sodass es einer Säuberung bedurfte. Diese wurde systematisch betrieben durch die 1936 gegründete Musikabteilung unter der Leitung von Heinz Drewe im Propagandaministerium. Dümling betrachtet die Musikpolitik des NS-Regimes als Rassenpolitik: Im NS-Musikleben steht „Reinigung" im Vordergrund. Da das Judentum im Gegensatz zu deutschem Blut stehe, müsse zwangsläufig die jüdische Musik als entartet angesehen werden. Die ‚Säuberungen' richteten sich nicht nur gegen Juden, sondern auch gegen Kommunisten, Ausländer, Sozialdemokraten und Anhänger der Weimarer Republik. Zahlreiche Musiker emigrierten oder wurden aus der Reichsmusikkammer ausgeschlossen. Zahlreiche Musikverbände wurden gleichgeschaltet. Viele Musikarten wie Jazz und Swing waren nicht erlaubt (vgl. Dümling 2007, S. 193 ff.).

Als Fazit dieses Kapitels lässt sich feststellen, dass in der NS-Zeit die visuelle und darstellende Kunst für die ideologische Propaganda eingesetzt wurden. Viele Künstler dienten sich dem NS-Regime an. Zu ihnen gehörten Arno Breker, der die Rassen-Ideologie durch das Ideal eines arisch-muskulösen Volkskörpers in der Bildhauerei versinnbildlichte, und Leni Riefenstahl, die Hitlers Rassenlehre mit Hilfe der Filmkunst ästhetisierte. Die NS-Propaganda forcierte auch jede Art der medialen Inszenierung von rückständigen Geschlechterbildern im Sinne, die Volksgemeinschaft zu mobilisieren und die Geburtszahl der arischen Kinder zu erhöhen. Neben der ideologischen Propaganda treten vor allem Unterhaltungsangebote, die Trost und Zerstreuung bieten und den Menschen signalisieren, der Staat verlange nicht nur Opfer von seinen Bürgern, sondern wisse sie auch zu belohnen und zu ‚streicheln'. Viele Filme widmen sich dem Thema ‚Liebe im Krieg', womit die Brücke zwischen Propaganda und Unterhaltung geschlagen ist. Besonders nach Kriegsausbruch wurden die nationalsozialistischen Werte zunehmend indirekt propagiert. Hinzu kam in dieser Zeit aber noch, die deutsche klassische Musik für die Rassenpolitik zu instrumentalisieren.

6.4 Die Inszenierung von Hitlers Charisma
Die mediale Inszenierung Adolf Hitlers als Charismatiker war ein zentraler Baustein für den Aufstieg und für die Machtergreifung der NSDAP und stand im Vordergrund der Propaganda des NS-Regimes nach den Reichstagswahlen von 1933. Wehler zufolge verwirklicht sich der Aufstieg Hitlers an die Spitze vor allem durch seine ungewöhnliche große Redebegabung (vgl. Wehler 2007, S. 177). Ist Hitler wirklich ein Träger des Charismas mit „himmlischer Gnade" und „göttergleicher Heldenkraft" (Weber 2009, S. 136)? Dieses Kapitel beschäftigt sich mit der eigenen Stilisierung Hitlers als Charismatiker und den NS-Propagandaprogrammen in verschiedenen Etappen der Machtausübung, speziell an Beispielen von Hitlers Redeauftritten, Filmen und Fotografien.

Sich als ein charismatischer Führer zu profilieren, beginnt Hitler bereits am Beginn seiner Karriere als Parteiführer der NSDAP. Er stilisiert sich selbst in seinem Buch „Mein Kampf" als Charismatiker. In dieser politischen Programmschrift steht nicht nur die nationalsozialistische Weltanschauung im

Vordergrund, sondern auch die von Hitler selbst entworfene Werbestrategie zur Mobilisierung der Massen hin zu einer Volksbewegung. Er entwarf das Bild eines Führers für seinen Wahlkampf, das mit der Weber'schen Theorie eines Charismatikers konform ging. Ludolf Herbst hat die Selbststilisierung in „Mein Kampf" und das Problem untersucht: Während seiner Zeit von einem Jahr in Haft hat Hitler in Landesberg über sein eigenes Image nachgedacht. Bisher war er ein erfolgreicher Trommler, aber es war ihm noch nicht gelungen, die politische Macht mit Hilfe seiner Propaganda zu erobern. Um dem eigenen Ziel nahezukommen, profilierte er sich selbst als ein heroischer Held mit historischer Mission und der „Kraft und Genialität eines Riesen". Er bevorzugte Wagners Opern und Schillers Theaterstücke, und konstituierte den Begriff eines klassischen strahlenden großen Führers in der germanischen Geschichte (vgl. Herbst 2010, S. 178 ff.). Sein Entwurf entspricht dem Weber'schen Charismakonzept insoweit, als dass der Führer mit einer „himmlischen Begabung" außerhalb des „Bandes der Welt" steht (Weber 1922, S. 220). Hitler beschreibt sich selbst in „Mein Kampf" mit den Worten „großer Geist", „Genie", „überlegener Kopf" und als der „wahrhaftige Führer", und er bescheinigte sich das Talent als „geborener Redner" und „geborener Führer". Sein „rednerisches Talent" trat bereits seit der Kindheit hervor. In der Schulzeit war er ein „kleiner Rädelsführer". Er unterscheidet zwischen der „Genialität der Jugend" und der „Weisheit des Alters". Als ein geborener Charismatiker verfüge er seit frühester Lebenszeit über prophetische Gaben und latente Willenskraft (vgl. Hitler 1941, S. 86 ff.): Als selbsternannter Charismatiker, Führer und politischer Messias musste er seine tatsächliche Biografie, vor allem die Stationen in Wien und München, kaschieren. Alle Zeugen seiner Randexistenz, die er damals faktisch führte, drohten sein selbst aufgebautes Prestige zu beschädigen. Deshalb beauftragte Hitler während seiner Amtszeit die Gestapo, Zeugnisse seines früheren Lebenswegs zu sammeln und zu vernichten. Im öffentlichen Archiv der NSDAP blieb die Wirklichkeit über Hitlers Vergangenheit unklar (vgl. Herbst 2010, S. 181 ff.).

Mit dem Entwurf von sich als Charismatiker strebte Hitler nach einer Revolution des politischen Systems der Weimarer Republik, in dem die Autorität die parlamentarische Demokratie ersetzt, bzw. die Gehorsamkeit der Bevölkerung dem Führer persönlich gehört. Dieser Entwurf über das Verhältnis des Führers zu seiner Volksgemeinschaft ist mit dem Weber'schen Konzept der charismatischen Herrschaft identisch, nämlich indem der Charismatiker weder der Bürokratie noch der Partei, sondern nur von seinen Anhängern abhängig ist. Weber zufolge verfügt der Charismatiker zwar über eine revolutionäre Kraft, die Entwicklung der Gesellschaft „auf ein neues Gleis zu lenken", aber im Kern der Herrschaftsübung steht die Gefolgschaft, die die charismatische Herrschaft ermöglicht (vgl. Weber 1922, S. 221). Um sein politisches Konzept in die Praxis umzusetzen, muss Hitler das parlamentarische System der Weimarer Republik abschaffen. Herbst vertritt den Standpunkt, dass die parlamentarische Demokratie in der Weimarer Republik ein Problem für Hitlers Machtergreifung ist, weil die Macht in der Staatsform des Parlamentarismus der Kontrolle verschiedener Staatsorgane unterliegt und insofern auch von mehreren Seiten abhängig ist. Stattdessen zielte Hitler auf die „wahrhafte germanische Demokratie", die als ein Führer-Gefolgschaftsverhältnis verstanden werden kann. Dieses Verhältnis ist eine unmittelbare Beziehung zwischen Gefolgschaft und Führer, womit jede indirekte Staatslenkung, speziell die parlamentarische Demokratie, abgelehnt wird. Der Führer stützt sich direkt auf das Volk und gibt sogleich eine historische Mission aus, verbunden mit einer neuen Weltanschauung, wodurch eine revolutionäre Veränderung im Sinne einer Volksbewegung ermöglicht wird (vgl. Herbst 2010, S. 181 ff.).

Hitlers politische Stilisierung in „Mein Kampf" hat den Rahmen der christlichen Kultur nicht gesprengt, sondern ihn im Gegenteil neu ausgefüllt, und zwar indem er sich ähnlicher Beschreibungsmerkmale bedient, wie sie Jesus Christus in der Bibel zugeschrieben werden. In „Mein Kampf" rühmt sich Hitler als ein von Gott gesandter Messias, der wie Jesus Qualen erlitt, um die Menschen aus ihrer Not zu erlösen. Er interpretiert seinen wenig heroischen Lebensweg als Kunstmaler in Wien und München als Vorhersehung, durch das Leid des Lebens seine Mission klar zu erkennen und dabei einen übermenschlich starken Willen zu entwickeln. Es ist sein Schicksal, Führer zu werden, um die deutsche Nation zu retten. Zu seinem Schicksal schreibt er in „Mein Kampf":

> Was damals mir als Härte des Schicksals erschien, preise ich heute als Weisheit der Vorsehung. Indem mich die Göttin der Not in ihre Arme nahm und mich oft zu zerbrechen drohte, wuchs der Wille zum Widerstand, und endlich blieb der Wille Sieger. (Hitler 1941, S. 20)

Hitler hat die Armut und das Leid seines Volkes erlebt, was ihn hat stark werden lassen, ausgestattet mit einem übermenschlichen Willen und Kraft. Er sei sich seiner historischen Mission bewusst. Seine Vorsehung war, erst das Leid des Volkes selbst zu erfahren, um sich dann anschließend an seine Spitze zu stellen, als Führer zu wirken und vom Volk geliebt zu werden. Es ist völlig unklar, ob Hitler sich bewusst an der Jesusgeschichte orientierte oder nicht. Aber für die Menschen in der Weimarer Republik, die angesichts der wirtschaftlichen Krise und sozialen Unruhe eine große Messias-Sehnsucht hatten, ist Hitlers eigene Stilisierung eine fundierte Basis für seine politische Zukunft.

Hitlers eigene Profilierung als Charismatiker in „Mein Kampf" wurde von der NSDAP mit raffinierten Medieninstrumenten in verschiedener Art und Weise und Umfang inszeniert. Ziel war es, die Weimarer Demokratie durch ein neues System von Führer und Gefolgschaft abzulösen, wozu nur das Bild eines Übermenschen in der Lage war (vgl. Herbst 2010, S. 197). Mittlerweile gab es wichtige Zäsuren, die den Lauf des Infiltrationsprozesses und damit die Wirkung der NS-Propaganda beeinflussten, z. B. die Wirtschaftskrise, die zur Mobilisierung verschiedener Sozialschichten im Wahlkampf beigetragen hatte. Bedingt durch die soziale Unruhe, politische Unsicherheit und wirtschaftliche Not entstand eine große Verunsicherung in breiten Schichten der deutschen Bevölkerung, die auch als kollektive psychische Labilität bezeichnet werden kann. Dies machte viele Menschen anfälliger dafür, von Hitler und seiner Partei verführt zu werden. Seit der Weltwirtschaftskrise entwickelte sich die NSDAP von einer lautstarken politischen Außenseiterbewegung zu einer Massenpartei, die die „Aufmerksamkeit" der Regionalpresse immer weiter auf sich gezogen hat (Herbst 2010, S. 197). Ein anderer wichtiger Zeitpunkt für die Ausrichtung der medialen Überhöhung Hitlers zum Übervater markiert die Machtübernahme. Von nun an bediente sich der Machtapparat immer mehr geschulten Personals und raffinierter medialer Technik bei der NS-Propaganda. Insofern lässt sich das Inszenierungskonzept Hitlers als unumstrittener Charismatiker und geborener Führer Ludolf Herbst zufolge in drei Phasen einteilen: Die erste Phase reicht von der Haftentlassung Hitlers im Dezember 1924 bis zum Beginn der Wirtschaftskrise 1929/30, als in vielen Ländern der Weimarer Republik Redeverbote gegen Hitler ausgesprochen wurden, weswegen Hitler in dieser Zeit nur in den geschlossenen Parteiversammlungen seine Reden halten konnte. Zwar gelang es in dieser ersten Phase nicht, den Führungsanspruch und Machteinfluss der NSDAP durchzusetzen, als die NSDAP nur 2,6 Prozent der Stimmen bei den Reichstagswahlen 1928 erlangte, aber Hitler vermochte in diesen Jahren immerhin die innerparteilichen Beziehungen zwischen ihm und seiner Gefolgschaft zu festigen sowie politische Symbole und Riten zu etablieren. Gleichzeitig stilisierte die NSDAP sich in der Öffentlichkeit als eine moderne Volkspartei mit neuer Organisationsstruktur, die anders als die Parteien der Weimarer Republik auftrat, um mit ihrem Ansatz des Andersseins und dem Versprechen einer neuen Tatkraft die von der damaligen Politik frustrierten Menschen anzuziehen. Die zweite Phase beginnt mit der Weltwirtschaftskrise und dauert bis zu der Ernennung Hitlers zum Reichskanzler an. In dieser Periode gelang es Hitler durch unzählige Redeauftritte, das Volk zu mobilisieren, mit dem Erfolg, die NSDAP bis Ende 1930 zur Volkspartei zu machen. Die dritte Phase setzt mit dem Tod Hindenburgs an, als Hitler in seiner Führerposition staatsrechtlich abgesichert wurde. Seitdem wurden die politischen Inszenierungen im Dritten Reich medial massiv begleitet. Dazu trug auch der technische Fortschritt bei, wie die Lautsprecheranlagen für Hitlers Auftritte auf den großen Parteiversammlungen (Reichsparteitage), die Durchsetzung des Tonfilms, der Schallplatte und zuletzt des Rundfunks über den erschwinglich gemachten Volksempfänger. Das Zusammenspiel von inhaltlicher Inszenierung und technischer Ermöglichung ergab eine bisher nie gekannte Form von ideologischer Propaganda, dessen Faszination man sich schwer entziehen konnte. Das mediale Feuerwerk pflegte den Führerkult (vgl. Herbst 2010, S. 197).

In der zweiten Phase, in der die NSDAP von einer Splitterpartei zur Volkspartei geworden war, stand Hitlers Redeauftritt im Vordergrund der propagandistischen Pläne der NSDAP, der bis in jedes Detail vorbereitet wurde. Von der Inszenierung des Auftritts auf der Bühne bis zu der Zusammensetzung des Publikums choreografiert die NSDAP jedes Details der Veranstaltung, um den Führer in ein optimales Licht zu rücken. Herbst macht auf die Inszenierung von Hitlers Redeauftritt aufmerksam: Die Parteizentrale hat „Richtlinien für Hitler-Versammlungen" ausgearbeitet, um jedes Details bei der jeweiligen Veranstaltung zu regeln. Sobald ein Auftritt Hitlers von der Parteizentrale genehmigt wurde, teilten Helfer Plakate und Handzettel als Werbung mit rassistischen und antisemitistischen Symbolen und Parolen aus. Im Programm der NSDAP dürfen Juden nicht den Parteiversammlungen beiwohnen, dagegen wurde den Arbeitslosen und Kriegsversehrten freier Eintritt garantiert. Vor Hitlers Auftritt bei politischen Massenveranstaltungen lief Musik als Vorprogramm ab. Die Ordner waren den Richtlinien gemäß in Uniform gekleidet. Hitler trat in der Regel spät auf die Bühne, bis die Erwartungsspannung des Publikums den Höhepunkt erreichte. Als Redner verfügte Hitler über keinen Ghostwriter. Er verwendete bei allen seinen Reden das Prinzip Wiederholung und integrierte seine radikale Weltanschauung in das jeweils angesprochene Thema. Er sprach fast immer frei, sodass die Kommunikation mit dem Publikum gelang; der Funke sprang über. In der Regel fing er seine Reden mit der Anrede „Deutsche Volksgenossen und -genossinnen" an, wodurch sogleich eine Parteiversammlung zu einer ganzen Volksversammlung aufgewertet wurde. Neben dem Redeinhalt zeichnete sich Hitlers Präsentation durch schnelle und ausladende Gestik und Körpersprache aus, die an den Auftritt eines Schauspielers erinnern konnte. Er sprach auf einem erhöhten Podest wie auf einer Theaterbühne ohne Pult direkt gewandt an das Publikum, wodurch eine mögliche Weise empfundene Distanz zwischen ihm und seinen Ansprechpartnern sogleich minimiert wurde. Nach der Rede blieb Hitler dagegen unnahbar, indem er sofort von der Bühne verschwand und so unerreichbar war. In den offiziellen Richtlinien steht, dass Hitler nach einer Rede unbedingt Ruhe benötigte. Nach dem Redeauftritt wollte Hitler keineswegs bei der Versammlung weilen, und er zog sich sofort ins Hotelzimmer zurück (vgl. Herbst 2010, S. 201–205). Doch auch wenn dieser Aspekt ernst zu nehmen ist, so erinnert die Maßnahme des sofortigen Rückzugs von der Bühne an das Ideal eines gottgleichen Führers. Der Versuch, nicht nahbar und kumpelhaft zu erscheinen, bewahrt seine Führerautorität und fördert in der Gefolgschaft den Glauben an den Führer.

All diese Attribute seiner Auftritte beantworten dennoch nicht in Gänze, worin im Kern die Kraft seiner Rede lag, die die Zuhörer so stark emotionalisierte und mobilisierte. Darüber gibt es schon seit langem eine wissenschaftliche Auseinandersetzung. Weber zufolge verfügt der Charismatiker über eine revolutionäre Kraft, die Welt zu lenken. Diese Kraft beweist das Charisma des von Gott gesandten Herrn. Wehler überträgt diese Theorie auf Hitler und verweist darauf, dass er ein Volksredner, Hetzredner und Demagoge war. Sein Charisma wirkt durch sein rhetorisches Talent (vgl. Wehler 2007, S. 177). Hitler betrachtete sich selbst in „Mein Kampf" als begabten Redner, und es ist ihm bewusst, durch seine Rede die Zuhörer zu mobilisieren und psychisch zu beeinflussen. Er schreibt in „Mein Kampf" über die Macht des gesprochenen Wortes:

> Die Macht aber, die die großen historischen Lawinen religiöser und politischer Art ins Rollen brachte, war seit urewig nur die Zauberkraft des gesprochenen Wortes. Die Zauberkraft des gesprochenen Wortes. Die breite Masse eines Volks vor allem unterliegt immer nur der Gewalt der Rede. Alle großen Bewegungen aber sind Volksbewegungen, und Vulkanausbrüche menschlicher Leidenschaften und seelischer Empfindungen, aufgerührt entweder durch die grausame Göttin der Not oder durch die Brandfackel des unter die Masse geschleuderten Wortes. (Hitler 1941, S. 115)

Hier wird die Frage gestellt, was die Zauberkraft des Wortes von Hitler eigentlich ausmacht. Bei Herbst lautet die Antwort „Leidenschaft", die als Beweis für sein Charisma gilt. Hitler verkündet die Weltanschauung bei Massenversammlungen strategisch. Ihn selbst überkam bei seinen Reden die Leidenschaft und er vermochte, durch eine Einheit von Glauben an das Gesagte, von Missionseifer und Präsentationsstil einen Sturm der Begeisterung und einen „Rausch" bei den Zuhörern zu wecken (vgl. Herbst 2010, S. 183). Diese Antwort ist insofern sehr unscharf, als dass sie kommunikationstheoretisch von einem Sender-Empfänger-Modell ausgeht, womit die psychische Grundverfassung und

Erwartungshaltung des Publikums von Herbst übersehen werden. Vielmehr muss die Frage nach der Wirkung von Hitlers Reden unter Zuhilfenahme der Massenpsychologie beantwortet werden. Nach der Deskription von Le Bon ist die Masse reizbar, impulsiv und leichtgläubig (vgl. Le Bon 2016, S. 40). Das Urteil der Massen kann leicht von Propaganda beeinflusst werden. Sigmund Freud hat die Gründe dafür analysiert, warum die magische Macht von Worten Stürme in der ‚Massenseele' hervorrufen kann. Freud zufolge haben die Massen keinen Wahrheitsdurst, wenn sie sich von der Vorherrschaft der Illusion leiten lassen. Sie neigen dazu, sich vom Führer mit seinem starken Glauben faszinieren, sich von ihm verführen zu lassen, wie in der primitiven Gesellschaft. Die übernatürliche und geheimnisvolle Macht erwächst aus dem Prestige des Führers. Das Prestige lähmt die Fähigkeit der Masse, Gesagtes an der Realität zu prüfen (vgl. Freud 2015, S. 18 ff.). In diesem Sinne kann man den von Herbst genannten Rausch mit dem von Worten hervorgerufenen Phantasieleben der Menschen nach Freud erklären. Wie im Traum trägt die Phantasie den Wunsch der Menschen, der mithilfe des Charismas des Führers in der Zukunft erfüllt wird.

In der Tat handelt es sich bei der ‚Zauberkraft' von Hitlers Rede nicht um eine mystische Macht, sondern um reine Inszenierung. Der Beifall für seine Reden wurde manipuliert, weil die NSDAP die Redeversammlung choreografierte und die Zusammensetzung des Auditoriums für den Redeauftritt streng regelte. In diesem Sinne wurde der Rausch auf Seiten der Zuhörer von der NSDAP erfunden, um das Charisma des Führers zu unterstreichen. Herbst hat die Inszenierung von Hitlers Rede in Volksversammlungen geschildert: Wegen der strengen Regulierung des Eintritts blieben oft manche Sitzplätze im Auditorium leer, was von den NSDAP-Funktionären nicht gerne gesehen wurde. Und so füllten die Parteigenossen in den letzten Minuten den Saal auf, damit Hitler nicht vor leeren Sitzreihen redete. Das Publikum aus der Partei wurde nach ihren Abzeichen auf verschiedene Stellen im Raum verteilt, sodass das Bild einer klar geordneten und insofern disziplinierten Gemeinschaft dem Publikum vermittelt wurde. Auf diese Weise neigen die anderen Zuhörer, sich mitten im Redefluss des Führers ruhig zu verhalten und dann Beifall zu klatschen und in Jubel auszubrechen, wenn dies andere Gruppen im Saal taten. Die Zusammensetzung des Auditoriums wurde in dieser Weise manipuliert, sodass die Reaktionen des jeweiligen Publikums nicht als vollkommen spontan und frei im Sinne einer ehrlichen Zustimmungsbekundung angesehen werden können. Wenn Hitler sich antisemitisch oder rassistisch äußerte, stießen die Beschwörungen bereits beim Publikum auf Resonanz und lösten geradezu Verzückungs- und Rauschwirkungen aus (vgl. Herbst 2010, S. 206 ff.).

Angesichts der Machtergreifung Hitlers zum Reichskanzler am 30. Januar 1933 drehte Leni Riefenstahl den Film „Sieg des Glaubens" über den Reichsparteitag in Nürnberg, in dem Hitlers Charisma durch künstlerische Elemente wie Leerstellen und ihn überhöhende Kameraeinstellungen inszeniert wurde. Leerstelle bedeutet in der Medienästhetik etwas Ungesagtes. Es ist eine Sequenz, die ästhetisch zunächst einmal nicht zum Erzählstil passt. Beispielsweise auf der Tonebene werden die Zuschauer eines Dokumentarfilms durch das Verstummen/Weglassen des Kommentars indirekt aufgefordert, die Filmszenen in der Handlung selbst kreativ in eine Beziehung zueinander zu setzen (vgl. Matussek 2004, S. 73–95). Dieser Reichsparteitag in Nürnberg nach der Reichstagswahl im März 1933 wurde als „Parteitag des Sieges" ausgerufen. Hitler hat Leni Riefenstahl persönlich gebeten, den Nürnberger Reichsparteitag zu dokumentieren. Zu Riefenstahls innovativen Maßnahmen, Hitler ins rechte Licht zu setzen, gehören die Wahl der Hintergrundmusik, die Verwendung der originalen Tonspur und der Leerstelle für die Bilder anstelle eines von anderen Dokumentarfilmen gewohnten Kommentars. Die majestätische Hintergrundmusik gepaart mit dem Einfangen des euphorischen Jubels der Menschen begleitet Hitlers Auftritt im Film. Die fehlenden Kommentare überlassen den Zuschauern Raum für ihre Emotionen. Die Worte und das Auftreten des Führers sprechen für sich und bedürfen keiner einengenden Kommentierung. Die visuellen Impressionen eines großartigen Führers werden von dem Rhythmus der Hintergrundmusik und der in weiteren Bildern eingefangenen inszenierten Manie der Menschen begleitet. Die intendierte Wahrnehmung auf Seiten der Zuschauer, eine gelenkte innere Verbundenheit mit dem Führer aufzubauen, wirkt überzeugender als jede noch so rhetorisch aufgeladene Kommentierung. Das Charisma des Führers lässt sich nicht mit schmeichelhaften Lobesworten medialisieren, sondern wirkt mit Musik und Leerstelle bei den Zuschauern tief berührend. Die Kameraeinstellungen unterstützen die Dichotomie von Führer(n) und Geführten. Bei den Reden werden die Partei-Funktionäre von unten gefilmt, sodass nicht nur die Perspektive der Zuhörer vor Ort nachempfunden wird, womit die Trennung des anwesenden Publikumsteils vom medialen Publikum partiell aufgehoben wird, sondern auch die Redner aus der Froschperspektive überhöht werden, wodurch dem Gesagten mehr Gewicht verliehen wird. Zusammen mit der Gesamtinszenierung des Parteitags als Massenspektakel entsteht der Eindruck, etwas historisch Bedeutsamen beizuwohnen. Einmontierte Luftaufnahmen und Kameraschwenks über die Masse des Publikums hinweg vermitteln die Euphorie einer grenzenlos anmutenden Menge an Soldaten und Parteianhänger. Hitler steht immer im Mittelpunkt der Szenen. Die begeisterten und faszinierten Gesichter der Anhänger und auch Kinder sind in Naheinstellungen zu sehen. Die uniformierten Soldaten in Kolonne marschieren in Reih und Glied. Sie symbolisieren eine Nation mit starker militärischer Macht und eisernen Willen unter der Führung Hitlers.

In der dritten Phase, nach Hitlers Absicherung seiner Macht als Führer, wurden viele große Veranstaltungen und Rituale allein deshalb abgehalten und inszeniert, um sie mit Kameras einzufangen und kurze Zeit später medial zu verbreiten. Dabei wird Hitler als Träger des Charismas stets hervorgehoben. Hitlers privater Fotograf Heinrich Hoffmann zählte zu einem der prominentesten Künstler der NS-Regimes, der sich um die Inszenierung der Macht bemühte. Seit dem Hitlerputsch 1923 hat Hoffmann zahlreiche Porträts, Bildbroschüren und Bände veröffentlicht. Zu Hitlers 50. Geburtstag, dem 20. April 1939, der mit einer großen Zeremonie gefeiert wurde, veröffentlichte er den Fotoband „Ein Volk ehrt seinen Führer". Folgende zwei Bilder in dem Band sind Beispiele dafür, wie der 50. Geburtstag des Führers als eines der größten Feste der Nation gefeiert wurde. Die Panzer, Truppen und Geschütze fahren und marschieren vor dem Podium in Reih und Glied, wo Hitler vorne und im Zentrum steht. Die Kapelle und die Parteimitglieder werden in Uniform symmetrisch aufgeteilt. Die NS-Flaggen und Standarten, als Symbole der Ideologie, sind hoch gehängt, dadurch gut erkennbar und mittig fotografisch aufgenommen.

Abb. 9: Hoffmann, Heinrich: Ein Volk ehrt seinen Führer, 1939.

Abb. 10: Hoffmann, Heinrich: Ein Volk ehrt seinen Führer, 1939.

Hoffmann inszenierte Hitler in den Fotos als einen göttlichen Staatsmann, den das deutsche Volk ehrt und dem es vertraut. Die Bilder zeigen vor allem den Führerkult der Nation. Die Soldaten haben den Tritt gehalten. Die deutsche Armee und das deutsche Volk zeigen die Gefolgschaft, Leidenschaft und Gehorsam gegenüber dem Führer Hitler. Das Charisma des Führers ist durch die Fotos spürbar.

Das von Hoffmann durch Fotos beschworene Charisma Hitlers verbindet sich wiederum mit dem „Ichideal" des Betrachters, indem der Führer stellvertretend für ihn das große, bessere und charmantere Ich verkörpert (Freud 2015, S. 34). Freud hat auf der Basistheorie von Le Bon über die Massenseele darauf hingewiesen, dass „Kirche" und „Heer" typische Arten konstruierter, also künstlich erzeugter Massen sind (ebd.). Hoffmann hat hier den Kontrast zwischen einer grenzenlos anmutenden Menge an Soldaten und Parteianhänger und der Einzelperson des Führers hervorgehoben. In den formierten Militärquadern auf den Fotos von Hoffmann löst sich jeder einzelne Soldat in der Masse auf, wird als Individuum unbedeutend, während der Führer im Zentrum als schier übermenschliche und singuläre Erscheinung aufgewertet wird. Die Masse gilt als Eins, in der jede Person durch die gleiche Herkunft, Nationalität und den gleichen politischen Glauben mit den anderen verbunden wird. Diese Gefühlsbindung der Soldaten in der Gruppe wie auch der Bevölkerung in einer Glaubensgemeinschaft und Gefolgschaft entsteht nach Freuds Auseinandersetzung mit dem Theorem der Massenpsychologie nicht nur aus „Identifizierungen", nämlich der Gemeinsamkeit mit anderen Menschen, sondern auch aus der „Libido". Die „Libido" ist Energie oder Trieb, die sich nach Freud nicht von dem Gefühl der Liebe trennen lässt, wie Selbstliebe, Eltern- und Kinderliebe, Kameradschaft und die Nächstenliebe. Diese Liebe teilt jeder in der Gemeinschaft gleichermaßen, wie in der christlichen Gemeinde sich die Gläubigen als Brüder und Schwestern bezeichnen und dabei die gleiche Liebe zu Gott und Jesus Christus teilen. In der Armee ist es der Kriegsherr, der wie Caesar, Wallenstein und Napoleon für den Zusammenhalt der Armee sorgt und das libidinöse Gefühl zu ihm begründet (vgl. ebd., S. 36). Der Führer liebt sein Volk und das deutsche Volk ehrt seinen Führer. Was Hoffmann durch die Fotos ausdrückt, ist eben diese libidinöse Beziehung zwischen dem Führer Hitler und der Masse. Freud gemäß handelt es sich in der libidinösen Situation um die „Idealisierung" des „Objektes" (ebd., S. 57). Die Massen haben Hitler als Ichideal betrachtet. Der Führer ist nämlich ein großartiges, charmantes und wertvolles Ich. Die Gefügigkeit, Unterwerfung und Kritiklosigkeit des Ichs gegenüber dem Ichdeal können erklären, warum der Glaube an den Führer als eine Pflicht nach der Weber'schen Theorie gelten kann. Der Führer ist das große Ich. Dieser Glaube entfacht in jedem einzelnen das Selbstvertrauen und Optimismus für die Zukunft. Reichle spricht von der psychischen Wirkung des messianischen Glaubens:

> Es ist der Glaube an unser Volk, der uns kleine Menschen groß gemacht hat, der uns arme Menschen reich gemacht hat, der und wankende, mutlose, ängstliche Menschen tapfer und mutig gemacht hat; der uns Irrende sehen machte und der uns zusammenfügte. (Reichel 2006, S 177)

In diesem Sinne ist das Charisma eine persönliche psychische Erfahrung der Gläubigen. Hoffmann ließ das Volk durch das inszenierte Charisma des Führers das innere Ichideal spüren.

Es bleibt festzuhalten, dass die Inszenierung des Charismas von Hitler schon während der Haft in „Mein Kampf" einsetzte. Hitler hat das Bild eines Messias nach dem christlichen kulturellen Hintergrund für sich beansprucht, das dann von der NSDAP in drei historisch unterscheidbaren Phasen in verschiedenem Umfang und auf unterschiedliche Art und Weise fortgeschrieben und verstärkt wurde. Seine Redeauftritte gelten in der zweiten Phase, die man mit dem Einsetzen der Weltwirtschaftskrise festmachen kann, als Haupt-Propagandamittel der NSDAP. Diese Redeauftritte sind vollständig inszeniert. Nach der Machtergreifung 1933 hat Riefenstahl den Reichsparteitag in Nürnberg mit innovativen Darstellungsweisen als filmisch aufgereitetes Dokument inszeniert. Solche großen Massen-Veranstaltungen wurden besonders in der sogenannten dritten Phase, nach der Machtabsicherung und -etablierung, als politisches Ritual inszeniert, damit sich das Charisma Hitlers über die manipulativ erzeugte libidinöse psychische Wirkung in der Vorstellung der Menschen verfestigt.

6.5 Schreckensherrschaft

Weil langfristig die Strahlkraft einzelner charismatischer Führer unter der Bevölkerung nachlässt, kann die Macht nur erhalten werden, wenn sie mit Gewalt und Repressalien einhergeht. Pluralismus und Toleranz können niemals die Kennzeichen einer charismatischen Regierungsausübung darstellen, denn mit ihnen würde der Herrscher seinen Anspruch auf unbedingte Wahrheit radikal einbüßen. Um den Willen des Führers durchzusetzen, ist Staatsterror als autoritäres Machtinstrument unabdingbar. Und so bedienten sich alle als charismatisch einzustufenden Herrscher polizeilich-militärischer Gewalt im Inneren. Zu den Methoden der Ausübung ihrer Schreckensherrschaft und der polizeilichen Kontrolle, auch schon vor der Machtergreifung, liegen über die NSDAP bereits hinreichend viele wissenschaftliche Einlassungen vor, sodass an dieser Stelle darauf verzichtet werden kann, auf SA, SS, die KZ und vieles mehr näher einzugehen. In diesem Kapitel werden anhand historischer Quellen die begrenzte Wirkung der Propaganda, Abschaffung der Meinungsfreiheit und das Propagandakonzept zu der Judendeportation näher thematisiert.

Jede noch so geschickt gesteuerte und inszenierte Kampagne aus dem Reichspropagandaministerium droht hinsichtlich ihrer intendierten Wirkung zu scheitern, wenn die Menschen die Anerkennung und den Glauben an den Führer verlieren, die als Basis der charismatischen Herrschaft gelten. Wegen des Misstrauens gegenüber dem NS-Regime in einem Teil der Bevölkerung ist die Durchschlagskraft der Medienpropaganda darin begrenzt, die Volksgemeinschaft weiter zu solidieren und den Führer strahlend zu profilieren. Der

Zweifel mancher Menschen kann aus verschiedenen Ursachen entstehen, z. B. durch einen Misserfolg auf dem Schlachtfeld. Eine folgenreiche oder unvorhergesehene Niederlage im Krieg kann den Glauben der Menschen an den Führer ins Wanken bringen. Der Charismatiker verliert sein Prestige, wenn er den verlustreichen Krieg nicht gewinnen kann. Max Weber hebt die Bedeutung der Anerkennung der Gläubigen für den Führer hervor, der für jeden zentralen Misserfolg im Krieg haftet, indem er an Ansehen einbüßt. Über das Verfallen des Charismas weist Weber nach, dass der Charismatiker das Charisma auch einbüßen, verlieren kann und dass ihm das Schicksal droht, von seinen Anhängern verlassen zu werden, wie „Jesus am Kreuz". Die charismatische Herrschaft stützt sich auf die uneingeschränkte Anerkennung seiner Gefolgschaft. Der Charismaträger gewinnt und behält diese Anerkennung dadurch, dass er beispielsweise unglücklichen Niederlagen glorreiche Siege im Krieg folgen lässt. Dauerhafter Misserfolg und hartnäckiges Unheil sowie das Eingeständnis des Versagens durch öffentliche Buße bedrohen die Machtbasis des Charismatikers nachhaltig (vgl. Weber 2009, S. 223).

Im Dritten Reich kann die Propaganda den Ansehensverlust des Führers nicht verhindern, wenn die Menschen von der Bedrohung des Kriegs erschreckt und verstört werden. Zimmermann stimmt der Einschätzung zu, dass die NS-Propaganda nicht vollständig bis in alle Bevölkerungsteile durchdrang und dass trotz starker Zensur die Kritik an der Staatspolitik von einigen kompetenten Zeitungs-Redakteuren nicht gänzlich verhindert wurde. Diese Kritik äußerte sich nicht in direkter Kommentierung, jedoch wohl darin, dass bestimmte inhaltliche Akzente gesetzt wurden, über die zusätzliche Informationen und Kenntnisse den Lesern vermittelt wurden. Die meisten Deutschen waren sich der Verfälschung von Tatsachen in der NS-Propaganda bewusst (vgl. Zimmermann 2007, S. 265). Winfried Ranke sieht die „begrenzte Wirkung der NS-Propaganda" insbesondere für die Zeit der Kriegsjahre: Vor Beginn des Kriegs kompensieren die Erfolge Hitlers in der Außenpolitik die partiell festzustellende Unzufriedenheit in der Bevölkerung. Dann verfolgten viele Bürger voller Sorge den Einmarsch in Polen. Trotz der Kriegspropaganda konnte der Jubel der Menschen für den Polenfeldzug nicht erzwungen werden. Erste durchschlagende Erfolge im Krieg (Polen, Belgien, Frankreich) brachten dann wieder eine überwiegende Zustimmung zur Staatspolitik. Das Stocken bei dem deutschen Vormarsch in die Sowjetunion führte allerdings wieder zu einem Ansehensverlust Hitlers. Die propagandistische Personifizierung der Politik mit dem Führermythos kam schnell an ihre Grenzen, angesichts des neu aufkommenden Zweifels in der Bevölkerung an der Politik der NSDAP. Der beschworene Zusammenhalt in den Gemeinden galt vielen bald als leere Formel. In „Die Meldungen aus dem Reich" wurden die Einstellungen gegenüber dem Krieg von einer Mehrheit in der Bevölkerung und von den Parteigenossen nur noch als „passive Loyalität" bezeichnet (vgl. Ranke 2007, S. 43 ff.).

Dass in NS-Deutschland besonders nach dem Kriegsausbruch der Anteil der direkten politischen Propaganda sinkt und stattdessen die Unterhaltung eine immer größere Rolle im medialen Gesamtangebot einnimmt, ist ein unmittelbarer Beweis für den Misserfolg der Kriegspropaganda. So wie im letzten Kapitel bereits als Ergebnis festgehalten wurde, dass die unterhaltsamen Medienangebote die Funktion von Zerstreuung erfüllen, lässt sich gleichzeitig diese Form der Mediensteuerung anders wenden, indem man die Unterhaltung als Folge der geringen Wirkung der ideologischen Propaganda betrachtet. Die Gewalttaten und das entbehrungsreiche Leben nach dem Ausbruch des Kriegs kann man nicht beschönigen. Wenn die Beuteerwartungen auf dem Kriegsfeld nicht erfüllt werden, sind die nationalsozialistischen Parolen nicht mehr in der Lage, Begeisterung und Euphorie unter den Menschen einzulösen. Unterhaltungsangebote sind immerhin in der Lage, die ernste Lebenssituation partiell zu verdrängen und den Schein zu erwecken, es stehe um Deutschland weiterhin gut, solange gelacht und sich amüsiert wird, solange also angenehme Formen des Alltags noch anzutreffen sind.

Die NS-Propaganda verwandelt sich zur Lüge, wenn das Versprechen auf eine größere Zukunft des Landes, direkt ablesbar in wirtschaftlichen Verbesserungen und der Steigerung der Lebensqualität, von dem Führer nicht eingehalten werden kann. Der Erfolg der NS-Propaganda ist langfristig davon abhängig, ob der Lebensstandard der Menschen sich spürbar verbessert, sodass die Erwartungen der Menschen erfüllt werden. Die propagandistischen Medienangebote sind nicht mehr vertrauenswürdig, wenn das reale Leben der Menschen sich von den Hoffnungen weit entfernt. Im Dritten Reich konnten viele von der Partei versprochene Verbesserungen nicht verwirklicht werden. Es entstand eine große Differenz zwischen den verfälschten propagandistischen Medienberichten und dem realen Leben der Menschen mit immer schlechteren Lebensbedingungen, sodass die staatlich gelenkten Medieninhalte das Vertrauen des Publikums verloren. Winfried Rande macht auf die gebrochenen Erwartungen in der Volksgemeinschaft aufmerksam und illustriert die Enttäuschung der Menschen anhand von Beispielen: Die Ämter „Schönheit der Arbeit" und „Kraft durch Freude" gründeten in der NS-Zeit ständig neue Initiativen und Spendenaufrufe, um Verbesserungen zu erzielen. Sie verteilten Lob, Belohnungen und machten auch günstige Konsumangebote. Aber die reale Lohnsteigerung, das Angebot an Vergnügungen in der Freizeit und jede Form der Optimierung der Arbeitssituation blieb hinter den Erwartungen weit zurück und lies sich im Alltag entsprechend eher selten beobachten. Auch die versprochenen Konsumangebote wie Volkswagen und Eigenheim blieben für den Großteil der Deutschen ein Wunschtraum. Die Realisierung mancher Wunschträume wurde nur auf die Zeit nach dem Endsieg verschoben. Die Propaganda konnte den Menschen eine neue Lebensqualitätsverbesserung nur für die Zeit nach dem Krieg in Aussicht stellen (vgl. Ranke 2007, S. 41).

Wenn die NS-Propaganda die Überzeugungskraft verliert, zwingt der Staatsterror die Menschen durch Abschaffung der Meinungsfreiheit zum Gehorsam, um den Willen der Führung durchzusetzen. Aufforderungen zur Denunziation, Einschüchterung und Kontrolle der Polizei sind Mittel staatlicher Repressalien. Die allgemeine Verunsicherung machte auch vor begeisterten Nazianhängern nicht halt, indem man auch hier lernte, nicht unbedachte Äußerungen zu tätigen. Shepard Stone schreibt über diese Formen der Beklemmung:

> Unter den Befehlen eines fanatischen ‚Führers' wirkte ein unerbittlicher Staatsapparat, der es dem einzelnen – mit wenigen heroischen Ausnahmen – fast unmöglich machte, sich als ethischer Mensch zu benehmen. Angst dominierte das Leben, sogar Göring und viele Generäle zitterten vor den Wutanfällen Hitlers. (Stone 1989, S. 113)

Helmuth von Moltke, der später von den Nazis hingerichtet wurde, sagte 1943, zitiert unlängst in einem Artikel des Historikers Gordon Craig: „Können Sie sich vorstellen, was es bedeutet, wenn man das Telefon nicht benutzen kann, der Post nicht traut oder einem Boten, den man wahrscheinlich nicht finden kann, oder wenn doch, nichts Geschriebenes anvertraut, weil er wahrscheinlich von der Polizei durchsucht wird" (Übersetzung von Shepard Stone).

Die Abschaffung der Meinungsfreiheit im Bereich der Presse, des Films, des Theaters und des Rundfunks wurde durch unzählige Strafandrohung und Verbote durchgeführt. Solche Gesetze dienen dem politischen Zweck, die öffentliche Meinung zu lenken und Andersdenkende zu unterdrücken. Winfried Ranke vertritt den Standpunkt, dass „Einschüchterung und Bestrafung" nicht nur integraler Bestandteil der Ordnungspolitik im Dritten Reich ist, sondern auch als ein Teil des NS-Propagandakonzepts zu sehen ist. Er weist darauf hin, dass die erlassenen Verbote und Strafgesetze, z. B. „zur Abwehr heimtückischer Angriffe gegen die Regierung der nationalen Erhebung", die „Bestimmungen des Schriftleitergesetztes", die Bestimmungen zum „Schutz der nationalen Symbole", die zu Kriegsbeginn erlassenen Verbote sowie die „Aufforderungen zur Denunziation", als verschriftlichte und dabei offensiv propagierte Mittel der Kenntlichmachung von Staatsraison angesehen werden können. Die den NS-Ideologien nicht entsprechenden Denktraditionen und politischen Vorstellungen wurden untergedrückt. Die gezielten Vorgaben aus dem Ministerium an die Redaktionen und Medienhäuser sind, eine begeisterungsfähige, gehorsame, rassenstolze und kriegerische Volksgemeinschaft zu mobilisieren und zu formieren (vgl. Ranke 2007, S. 42). Es gab daher auch nur wenige Medienunternehmen, die politische Oppositionshaltungen vertraten. Der Polizei-Terror verschärfte die Repressionsinstrumente. Zimmermann führt exemplarisch für eine graduelle Oppositionshaltung die „Frankfurter Zeitung" an, die sich von der NS-Ideologie distanzierte und kritisch gegenüber antisemitischen Kampagnen blieb. Wegen eines Feuilletonartikels wurde der Redakteur Benno Reigenberg verhaftet. Goebbels schrieb damals in sein Tagebuch, dass diese Zeitung „bald verschwinden solle". Sie wurde dann zum 31. August 1943 auf Hitlers Intervention verboten (vgl. Zimmermann 2007, S. 97).

Der Rundfunk wurde mithilfe der technischen Entwicklung als eines der modernsten propagandistischen Mittel von der NS-Regierung eingesetzt. Durch die Kontrolle gelang es dem NS-Regime nicht, die Gedanken der Menschen zu lenken. Dennoch wurde dem Rundfunk eine ebensolche politische Wirkung zugemessen. Mit der technischen Weiterentwicklung wurde der Ausbau der Vernetzung der Empfangsstationen zwischen den bislang getrennten Stadt- und Landregionen sowie zwischen der Front und der Heimat vorangetrieben. Die weitere Verbreitung und ein abwechslungsreicheres Unterhaltungsangebot in den Rundfunkprogrammen zogen immer mehr Aufmerksamkeit vonseiten des Publikums auf sich (vgl. Zimmermann 2007, S. 261 ff.). Das Radio wird im Dritten Reich wegen seiner relativ preiswerten Empfangsgeräte und dem potenziell hohen Verbreitungsgrad, aber auch wegen seines vermeintlich großen Einflusses auf die öffentliche Meinung als Live-Medium von den öffentlichen Behörden hoch geschätzt. Goebbels meinte: „Im Rahmen einer ganz neuartigen Menschführung […] ist Rundfunk eines der modernsten und wichtigsten Mittel" (zit. nach Dussel/Lersch, vgl. Diller 1980). Hagemann zufolge scheiterte aber die ideologische Durchdringung bisweilen klar. Insbesondere in der Kriegszeit 1940–1943 konnten die Zensurmaßnahmen der Behörden gegenüber den Rundfunk-Redakteuren nicht verhindern, dass die Zuhörer mehr und mehr den propagandistischen Botschaften keinen Glauben schenkten. Es war z. B. unmöglich im Rahmen der Pressesteuerung, ein kohärentes Zensurkonzept im Zusammenhang mit der Berichterstattung über die Sowjetunion zu lancieren. Angesichts des Hitler-Stalin-Paktes bestand ein Widerspruch zwischen der offiziellen Verlautbarung, den Bolschewismus zu bekämpfen und der kooperativen Realpolitik (vgl. Hagemann 1970). Dem Publikum war dieser natürlich aufgefallen.

Die Rundfunkpolitik des NS-Regimes bestand darin, eine starke Reglementierung durchzuführen, die sich auf die Verstaatlichung, Zentralisierung des Reichssenders und Inhaltszensur bezog. Ansgar Diller verdeutlicht die allgemeine Politik allgegenwärtiger polizeilicher Kontrolle und rassistischer Diskriminierung anhand der Rundfunkpolitik in den 30er Jahren. So wurden aus den vormals eigenständigen und privatwirtschaftlich betriebenen Regionalsendern Filialen des neu eingerichteten zentralen Reichssenders in Berlin, auf den die politisch Verantwortlichen direkt Einfluss nehmen konnten. Im Zuge der Umstrukturierungen kam es zur Entfernung sämtlicher jüdischen und kritischen Mitarbeiter (vgl. Diller 1980). Die Reglementierung des Rundfunks beschränkte sich nicht nur auf die Administration. Alle Formulierungen jedes ‚Aufsagers' und jede sonstige Form des Präsentationsstils wurden innerhalb der Rundfunkredaktionen vorgegeben und damit vorzensiert; der Ton und die Art der Emotionssteuerung wurden geregelt. Jürgen Hagemann untersuchte die Formulierungen in der propagandistischen Radiosprache, und kommt zu dem Ergebnis, dass der Spielraum der Journalisten verengt wurde, und zwar auf allen Ebenen der Kommunikation (vgl. Hagemann 1970).

Die NS-Regime propagierte seine antisemitische Ideologie mittels zensierter Medien, um die Juden aus dem Wirtschaftsleben auszuschalten. Die antijüdische Propaganda und Aktionen der Erpressung verliehen der Judenverfolgung Nachdruck und zielten nicht zuletzt auf ökonomischen Gewinn. Wehler vertritt den Standpunkt, dass neben den regulären staatlichen Einkünften die Erpressung der deutschen Juden zu einem wichtigen Faktor der Konsolidierung der Staatsfinanzen zählte (vgl. Wehler 2007, S. 177). Denn Juden spielten eine wichtige Rolle im Wirtschaftsleben seit dem Mittelalter in Europa. In der christlichen Tradition genossen sie durch religiöse Privilegien mehr steuerliche Freiheit in der Wirtschaft bzw. im Außenhandel. In NS-Deutschland lebten die meisten Juden in großen Städten mit liberaler Tradition. Dort waren sie nicht selten auch vergleichsweise wohlhabend. Norbert Frei gibt einen Überblick über den Zustand der Juden in NS-Deutschland: Im Jahr 1933 lebten 503.000 Juden in Deutschland, zumeist in Großstäten. In Berlin waren es 1933 allein 31 Prozent aller deutschen Juden mit den Berufen Mediziner, Selbständige bzw. Geschäftsleute sowie Künstler und Rechtsanwälte. Ihr Einfluss in der deutschen Wirtschaft war überproportional zu ihrem Anteil an der Gesamtbevölkerung. Das NS-Regime brachte die Juden in Verbindung mit der Bezeichnung als verseuchte Berufsgruppen und Gesellschaftsschichten, und propagierte diskriminierende Äußerung durch Formeln wie „jüdisch-bolschewistische Weltverschwörung", „Novemberverbrecher" und „Judenrepublik" (vgl. Frei 1983, S. 186).

Die antijüdischen Aufrufe des NS-Regimes über die öffentlichen Medien erreichten nicht vollständig ihr Ziel, die jüdischen Geschäfte zu boykottieren, insbesondere dann nicht, wenn sie ihre Waren preiswerter der überwiegend arm und sparsam lebenden deutschen Bevölkerung anboten, als es viele deutsche Einzelhändler taten. Die antisemitische Ideologie war vielen Menschen gleichgültig, die sich zu allererst um ihr eigenes Wohl sorgten. Norbert Frei berichtet von dem gescheiterten Versuch des terroristischen Boykotts durch das NS-Regime gegen jüdische Geschäfte im Jahr 1933: Der Chef des neugegründeten Propagandaministeriums, Joseph Goebbels, und der Nürnberger Gauleiter, Julius Streicher, organisierten einen großangelegten Boykott gegen jüdische Geschäfte im April 1933, der als die erste terroristische antijüdische Aktion galt. Hitler hatte zuvor, nämlich am 31. März, einen Boykottaufruf veröffentlicht, was gerade die sparsamen Hausfrauen trotzdem nicht daran hinderte, in billigen Textilgeschäften und großen Warenhäusern der Juden einzukaufen (vgl. Frei 1983, S. 186).

Der Antisemitismus in NS-Deutschland bekam nach dem gescheiterten Boykott seine gesetzlich-institutionelle Verankerung, wodurch der Rassenhass von der Propagandaparole zur staatlichen und kollektiven Willensäußerung aufstieg. Die antisemitische Ideologie der NSDAP wurde dann durch die Staatsmaschine angekurbelt und sehr viel effektiver verfolgt, um die Juden in der Gesellschaft zu stigmatisieren und zu marginalisieren. Norbert Frei verdeutlicht die Institutionalisierung der antisemitischen Ideologie durch neu erlassene Gesetze: Im April 1933 wurde das sogenannte „Gesetz zur Wiederherstellung des Berufsbeamtentums" verabschiedet, demgemäß sollten jüdische und politisch unerwünschte Beamte aus dem Amt entlassen werden. Die Zulassungsverweigerungen und Zulassungsbeschränkungen für jüdische Kassenärzte, Rechtsanwälte und Hochschüler traten auch durch dieses Gesetz in Kraft. Am 15. September 1935 wurden die Nürnberger Gesetze durch den Reichstag angenommen, was einen entscheidenden Schritt zur Institutionalisierung der antisemitischen Ideologie markierte. Dem Gesetz gemäß wurden Eheschließungen und Geschlechtsverkehr zwischen Juden und Nichtjuden verboten. ‚Blutverwandt' wurde als Einstufung definiert, wie z. B. „Mischling ersten Grades" mit einem jüdischen Elternteil oder zwei jüdischen Großeltern, sowie „Mischling zweiten Grades" mit einem jüdischen Großeltern-Teil, und auch „Arier" und „Volljude", damit die Reichsbürger mit deutschem Blut vor den Juden geschützt würden. Seit Mitte der 30er Jahren durften jüdische Kinder „deutsche" Schulen nicht mehr besuchen. Es dauerte gar nicht lange seit der Machtergreifung, bis im Hitler-Deutschland eine tiefgreifende soziale und kulturelle Segregation vorherrschte (vgl. Frei 1983, S. 188).

Neben öffentlicher Propaganda gab es noch unzählige antisemitische Medienangebote von privaten Medienagenturen, die durch Fälschung und Inszenierung die Erpressung und Verfolgung der Juden durch das NS-Regime zu legitimieren und Hass, Wut und rassistische Hetze gegen Juden in der Bevölkerung anzustacheln suchten. „Der Stürmer" z. B. war eine am 20. April 1923 in Nürnberg gegründete antisemitische Wochenzeitung. Ziel der Zeitung war es, die Leser zu überzeugen, dass die Juden feige, geizig, heuchlerisch und habgierig seien und die böse Absicht hätten, dem deutschen Volk wirtschaftlich, kulturell, moralisch und militärisch zu schaden. Das Hauptthema dieser Zeitung „Kampf gegen Rassenschande" wurde stereotyp dadurch gezeigt, dass eine deutschblütige Frau durch Geschlechtsverkehr mit einem Juden verseucht würde und nicht mehr ‚arisch zeugungsfähig' sei. Die Deutschen wurden in all diesen Berichten immer als Opfer der feindlichen Juden beschrieben, wodurch der Rassenhass geschürt wurde. Mit pornografischen Bildern, Berichten und Karikaturen wurden Juden als potenzielle Sexualverbrecher dargestellt, die sich nicht nur krankhaft und tierisch an arischen Mädchen und Frauen vergreifen, sondern auch Kinder und Kleinkinder schänden würden. Schon Heinrich von Treitschke, Mitglied des Reichtags, äußerte in seiner Schrift „Unsere Aussichten" massive antijüdische Gedanken. Sein berühmter Satz „Die Juden sind unser Unglück" brachte jene antisemitische Überzeugung zum Ausdruck, die später zum Schlagwort des antisemitischen Hetzblattes geworden ist.

Im Titelblatt der Zeitung dämonisiert diese Karikatur die Juden mit einem menschenfressenden Mund. Indirekt wurden die jüdische Weltherrschaft und Weltverschwörung mit diesem Bild verdeutlicht. Die Juden sind eine tierische, kranke und infizierte „Gegenrasse" (Hitler 1941) und entsprechend das Unglück der deutschen Nation. Für die kranke jüdische Volksgemeinschaft bot das NS-Regime eine „Endlösung" – Judenpogrome unter dem Einfluss des Sozialdarwinismus. Peter Reichel erörtert die Verbindung zwischen der deutschen Ärzteschaft und dem sozialdarwinistischen Zeitgeist: Nicht nur der individuelle kranke Körper, sondern auch die kranke und infizierte jüdische Volksgemeinschaft braucht ärztliche Heilung. Da Heilung und Vernichtung im ärztlichen Sinne synonym sind, begründet die sozialdarwinistische Rechtfertigungsideologie den Massenmord ohne Schuldgefühle (vgl. Reichel 2007, S. 167). In der propa-

Abb. 11: Der Stürmer: Das Lügenmanöver, 1936.

gandistischen Adressierung verbleibt also immer noch ein Schutzmäntelchen der moralisch getarnten Argumentation. Derartige Rechtfertigungsversuche, die man bereits von tief verankerten und daher lange vorhandenen Denktraditionen, Grundüberzeugungen und Moralvorstellungen abzuleiten sucht, finden sich auch in Gestalt der Kaschierung einiger Konzentrationslager als angenehme Aufenthaltsorte, wann immer das Internationale Rote Kreuz Inspektionen vornahm. Die Erkenntnis daraus: Die Nazis waren sich ihrer moralischen Schuld bewusst und hatten nicht sämtliche humanistischen Anstandsregeln vergessen, die sie sicherlich in ihrer Kindheit noch gelernt hatten, andernfalls wären sie ja gar nicht auf die Idee gekommen, ihr Handeln moralisch abzuleiten oder vor anderen Augen zu verdecken.

Die antisemitischen Medieninhalte, wie z. B. Filme und Presseartikel, bedienten sich im Verlauf der gesamten NS-Zeit ähnlicher judenverachtender Stereotype, mit denen die Juden immer als sexuelle Vergewaltiger, Gesetzesbrecher und Bedrohung für deutsche Frauen bezeichnet wurden. Das NS-Regime hat zahlreiche antisemitische Filme in Auftrag gegeben, um die Judenverfolgung zu rechtfertigen. In den Filmen, wie z. B. „Jud Süß", „Robert und Bertram", „Die Rothschilds" und „Der ewige Jude", wurden die Juden mit Vorurteilen propagandistisch dargestellt. Der Protagonist Joseph Süß Oppenheimer im Spielfilm „Jud Süß" ist nach der Handlung ein jüdischer Finanzbeamter, der mephistophelisch eine Christin vergewaltigt und aus Geldgier mehrere Verbrechen begeht. Am Ende der Handlung wurde Joseph Süß Oppenheimer wegen des Vorwurfs der Rassenschande endlich seiner gerechten Strafe zugeführt. Propagandaminister Joseph Goebbels hatte diesen Schluss des Films bestimmt, dass Süß Oppenheimer elend und scheußlich zu präsentieren sei, um das tragische Ende der jüdischen Volksgemeinschaft anzudeuten. Am 5. September 1940 wurde dieser Film auf dem Filmfest in Venedig uraufgeführt. Obwohl Goebbels nicht am Tag der Premiere in Venedig war, würdigte er die Wirkung des Films auf dieser öffentlichen Bühne:

> Auch bei Jud Süß ging das Publikum nach anfänglicher Zurückhaltung – zurückzuführen auf das Bemühen, die Problemstellung voll zu erfassen – in überraschend starker Weise mit. (Bundesarchiv, 1940)

Der deutsche Politikwissenschaftler und Historiker Peter Reichel (zit. nach Gerber 1990, S. 547) nennt den Film einen „melodramatischen Propaganda-Film". Und Michael Töteberg bezeichnet ihn als „politische Pornographie" (Töteberg 2006, S. 73).

Abschließend bleibt festzuhalten, dass die charismatische Herrschaft sich langfristig in Terror verwandelte und damit auf den Verlust an Anerkennung der Anhänger Hitlers und seiner Partei reagiert. Der Herrschaftsapparat verschärft die polizeiliche Kontrolle in vielen Bereichen des täglichen Lebens. In NS-Deutschland verlor die Propaganda mit jeder herben Niederlage im Zweiten Weltkrieg an Überzeugungskraft. Die Strahlkraft des Charismatikers ließ nach, denn Hitler konnte mit fortschreitendem Kriegsverlauf immer weniger seine

Versprechen halten und dem deutschen Volk das in Aussicht gestellte Wohl geben. Durchhalteparolen verfingen in den letzten zwei Jahren des Krieges auch immer weniger, weil sie im Gegensatz zum unmittelbar empfundenen Leiden standen. Um den Willen des Führers trotz des Misserfolgs bei der Propaganda durchzusetzen, wurde jede Form von Meinungsfreiheit durch Strafdrohung und gesetzliche Verbote abgeschafft. Der Rundfunk wurde als eines der wichtigsten Mittel für propagandistische Zwecke eingesetzt und durch staatliche Reglementierung kontrolliert. Sowohl von den zensierten staatlichen Medieninstituten als auch den privatwirtschaftlichen Medienunternehmen wurde die antisemitische Ideologie mit stereotypem Konzept propagiert, das darauf zielte, die Juden im Wirtschaftsleben auszuschalten und jede Form der gesellschaftlichen Teilhabe, sei es auf politischer, kultureller, zivilgesellschaftlicher oder anderer Ebene auszuschalten. Die Medienpropaganda zielte auf eine umfassende Hetze gegen alles Jüdische. Der Tenor der medialen Kommunikation zur Zeit der NS-Diktatur hat derartige Repressalien, speziell gegen die Juden, intensiv begleitet und dabei gerechtfertigt.

7. Schluss

Mit der vorliegenden Arbeit wurde die These überprüft, inwieweit die propagandistische Vereinnahmung der Medien ein wesentlicher Faktor für den Aufstieg der nationalsozialistischen Bewegung in Deutschland vor 1933 und für ihre Konsolidierung danach war, insbesondere vor dem Hintergrund der sozioökonomischen Begleitumstände. Ebenso wurde den Fragen nachgegangen, von welcher Qualität der Medieneinsatz war, also welche ideologischen Konzepte der Produktion zugrunde lagen, welche direkten und indirekten politischen Zwecke dabei verfolgt wurden und welche Auswirkung auf der Seite der Rezipienten dabei zu beobachten waren bzw. welche Schlussfolgerungen sich dazu aus der Quellenlage ergeben.

In Deutschland war es nach dem Ersten Weltkrieg gerade der „Schandvertrag" von Versailles, verbunden mit der Weltwirtschaftskrise, der die Menschen und Wähler für die Heilsbotschaften des „Großen Führers" besonders empfänglich machte. Doch die historisch-gesellschaftlichen Begleitumstände können das Phänomen des Führers Adolf Hitler nicht allein erklären, schließlich gab es viele Gesellschaftskrisen auch in anderen Ländern und Weltregionen, ohne dass sich daraus eine politische Kultfigur entwickelte. Die vorliegende Arbeit argumentiert, dass die Aura Adolf Hitlers sich nicht ohne das von Max Weber entwickelte und von Hans-Ulrich Wehler auf Hitler konkreter ausgearbeitete Konzept des Charismas erklären lässt. Es findet sich nämlich für den Aufstieg einer derart wirkmächtigen Figur in der Politik einer säkularen Gesellschaftsordnung keine historische Gesetzmäßigkeit. Die Huldigung Hitlers durch breite Bevölkerungsschichten erinnert an quasi-religiöse Motive und damit an die Stellung eines Messias. Der in dieser Zeit so schnell vollzogene Wandel des Gesellschaftssystems in Deutschland ist nicht ohne das Charisma des genannten politischen Führers zu begreifen.

Adolf Hitler, der nach mehrmaligem Sitzenbleiben mit Mühe den Realschulabschluss schaffte und wiederholt an der Aufnahmeprüfung für die Kunstakademie scheiterte, schließlich zum obdachlosen Sonderling wurde, den nicht einmal die Mitbewohner im Männerwohnheim ernst nahmen, stammte seiner Herkunft nach nicht aus politisch oder ökonomisch elitären Verhältnissen. Er hat durch seine Beharrlichkeit, seine Redekunst, seine Ideologie mehr und mehr Menschen begeistert und damit sich treu ergebene Anhänger geschaffen. Ähnlich einem Messias haben diese Anhänger weitgehend bis zu seinem Tod an ihm festgehalten, auch wenn es Attentate auf Hitler gab. Mit der Hilfe des historischen Zufalls, dass nach dem Ende des Ersten Weltkriegs die Not groß war und die Orientierung weg von der bürokratisch verfassten Herrschaft gesucht wurde, entstand ein vielleicht nur kurzes Zeitloch, in dem Hitler seinen Aufstieg erreichen konnte. Dass er es war und nicht Mitglieder anderer politischer Parteien und Gruppierungen, ist als Folge seiner charismatischen Eigenschaften zu deuten. Wie ein Heilsbringer versprach er, gestützt auf eine medienpropagandistische Begleitung nach der Machtergreifung 1933, den Deutschen Wunder – ein Kennzeichen charismatischer Führer. Kennzeichen charismatischer Führerschaft ist es auch, dass der Glaube an den Führer und sein gesellschaftliches Gesamtprojekt alle Zweifel und Rückschläge überstrahlt. Der Charismatismus ersetzt in diesem Sinne die traditionellen Religionen. Ferner ersetzt der Charismatismus politische Vernunft und rationale Betrachtungen generell.

Eine Ausdifferenzierung des Weber'schen Konzepts mithilfe der theoretischen Ergänzungen von Hans-Ulrich Wehler und Clemens Zimmermann erwies sich auch dort als notwendig, wo es darum ging, die Rolle der Medien anhand der Primärquellen wie Plakate, Film, Zeitungsartikel, Fotografien und Hitlers Redetexte im Dienst der charismatischen Herrschaft zu beleuchten:

Erstens bieten die politische und wirtschaftliche Misere der Weimarer Gesellschaft und die Sehnsucht der Menschen nach einem Retter einen Nährboden für das Aufkommen eines Charismatikers. Der Zusammenhang zwischen dem historischen Hintergrund und dem Aufkommen des Charismatikers zeigt sich zunächst einmal durch die tiefgreifende Sinnkrise des politischen Systems, die vor allem durch volkswirtschaftliche Missstände entstand, und dem damit verbundenen Machtvakuum, bezogen auf das Vertrauen breiter Bevölkerungsschichten in die Politik. Die ständigen Neuwahlen und das Versagen der Politik bei Reformen taten ihr Übriges zur soziohistorischen Ausgangslage. Dieses Machtvakuum lässt eine Messias-Sehnsucht in allen sozialen Schichten in der Weimarer Republik entstehen, also nicht nur unter den Rechtsradikalen, sondern auch unter den Sozialdemokraten, Akademikern und Eliten allgemein. Wegen der sich immer weiter verschlechternden Lebensumstände war die Hoffnung auf einen Erlöser so stark, dass die Stimmung unter den Menschen, insbesondere bei den Rechten, Züge von Fanatismus annahm. Der soziale Hintergrund und die mit Wunschvorstellungen nach einem radikalen Politik- und Gesellschaftswechsel aufgeladene Erwartung der Bevölkerung förderten die Auswirkung der NS-Propaganda. Hitlers starke emotionale Ausdrucksformen wie Zorn und Rage erzeugten bei seinen Zuhörern große Resonanz, und der Appell zur nationalen Solidarität, zur nationalen Einheit und zu einem Groß-Deutschland wie in der Zeit Friedrich des Großen oder Bismarcks, vorgetragen von Hitler selbst oder

Anknüpfungspunkt in der medialen Propaganda, begeisterten immer mehr Menschen. Über die Strategien der NS-Propaganda lässt sich festhalten, dass die NSDAP vorsätzlich die soziale Unruhe und die Messias-Sehnsucht schürte, um Hitler als Symbol für Unnachgiebigkeit und unzweifelhaft als Hoffnungsträger darzustellen. In der Propaganda rekurriert die NSDAP beispielsweise auf große deutsche Führerpersönlichkeiten aus der Vergangenheit, wie Bismarck und Friedrich der Große, um Hitler in die Kontinuität positiv belegter starker Staatslenker einzureihen. Gleichzeitig wurde Hitler als zeitgenössischer Führer idealisiert und heroisiert.

Zweitens muss der Träger des Charismas sich nach den Wünschen der Menschen richten, um die Macht zu übernehmen und zu bewahren. Im Wahlkampf versprach Hitler seinen Anhängern die gewünschte glückliche Zukunft und ließ dabei keinen Zweifel, dass nur eine Regierungsform ohne Einmischung anderer politischer Richtungen, die allesamt als Feinde des Volkes bezeichnet wurden, zum Erfolg führen könne. Damit nimmt er das anvisierte Konzept seiner eigenen charismatischen Führung vorweg. Das Versprechen wurde dann durch große gesellschaftliche Projekte und im Krieg erzielte Kriegsbeute eingehalten. Das Charisma wirkt dann nur fort, wenn der Herrscher kontinuierlich den Wünschen des Volks entsprechend ‚Wunder' bewirkt. Alle diese ‚Wunder' werden durch die Medien zeitgenössisch intensiv begleitet und gepriesen. Alle politischen und militärischen Schritte auf dem Weg zu einer ökonomischen Konsolidierung des neuen Dritten Reichs werden unmittelbar dem Führer selbst zugeschrieben. Dazu werden alle Arten von beobachtbarem Fortschritt (technische Erfindungen, Sinken der Arbeitslosenquote, Ausbau der Fernwege, Anwachsen internationaler sportlicher Erfolge u. a.) medial in den unmittelbaren Wirkungszusammenhang mit dem Führer gestellt. Die mediale Inszenierung der Macht ist auf eine Person ausgerichtet, nicht auf ein Parteiprogramm, ein Expertengremium oder anderes. Damit wird auch der beobachtbare Fortschritt (etwa das unabhängig von Hitler erfolgte Abklingen der Weltwirtschaftskrise – insbesondere durch Rüstungsproduktion auch in anderen Staaten) dem unmittelbaren Ergebnis des Handelns dieser Person zugeschrieben. Die Überhöhung des Handelns und seiner ihm vorgelagerten Handlungsanweisungen durch einen Einzelnen, Deutschland aus der empfundenen Knechtschaft zu befreien, verleihen diesem Einzelnen jenes quasi-religiös aufgeladene Charisma. Bedingt durch die erstaunlich schnellen ersten Siegen in Polen und im Westfeldzug zu Beginn des Zweiten Weltkrieges und die spürbare wirtschaftliche Erholung fiel es den nach 1933 Zug um Zug gleichgeschalteten Medien leicht, Hitler als Feldherrn und großen Führer in der deutschen Geschichte zu stilisieren und eben ihm allein diese ‚Erfolge' zuzuschreiben. In der Reichspropaganda wurde nicht nur die Leistung des Führers, sondern auch die Anerkennung als die Basis der Beziehung zwischen dem Führer und der Volksgemeinschaft hervorgehoben. Anerkennung ist ein Kennzeichen für die charismatische Herrschaft nach dem theoretischen Entwurf von Weber. Die Medien wurden als zentrales Mittel eingesetzt, um die Bindung zwischen dem Führer und der Volksgemeinschaft zu stärken. Außerdem zielt die Propaganda, die von den Wundern des Führers schwärmt, nicht nur auf die Steigerung des Prestiges des Führers, sondern auch auf die Lenkung der Weltanschauung der Menschen im Dritten Reich. Statt einer parlamentarischen Auseinandersetzung sprachen sich die Funktionäre der NSDAP deutlich und entschlossen über die Medien für den bedingungslosen und leidenschaftlichen Glauben an den Führer aus, um seine charismatische Herrschaft zu festigen.

Drittens handelt es sich bei der NS-Propaganda nicht nur um die unmittelbare Entäußerung der nationalsozialistischen Ideologie, sondern auch um die Ablenkung durch die sogenannte ‚leichte Muse'. Besonders nach dem Kriegsausbruch wurden immer mehr unterhaltsame Filme und Radiosendungen mit Unterhaltungs- und Tanzmusik als indirekte Propaganda von dem NS-Regime produziert und eingesetzt. Maßgeblichen Vertreter des NS-Regimes wussten nur zu gut, dass eine stetige Befeuerung mit direkten ideologischen Botschaften Abnutzungserscheinungen in der Bevölkerung hervorrufen. Daher versuchte man, auch auf dem subtileren Weg der Unterhaltung seine Ideologien und Durchhalteparolen zu transportieren, z. B. durch Liebesfilme. Bei solchen Medienangeboten sind die Grenzen zwischen Propaganda und Unterhaltung fließend. Ein anderes Feld nationalsozialistischer Ideologisierung war die darstellende und bildende Kunst. Die Nazi-Rassen-Theorie verkörpert sich besonders anschaulich in der bevorzugten Ästhetik der Bildhauerei, in der der Wunsch nach Idealen wie Stärke, Größe und Schönheit als Ausdruck biologischer Schönheit, Kampfkraft und Widerstandsfähigkeit zum Ausdruck kommt. Neben der Nazi-Rassen-Theorie wurde die rückständige Geschlechter-Ideologie im nationalsozialistischen Deutschland propagiert, um die arischen Mütter und Hausfrauen in der Gesellschaft aufzuwerten und sie zu ermutigen, die Mutterrolle voll und ganz anzunehmen und die Geburtszahl der arischen Kinder zu erhöhen. Die klassisch-romantischen Musikwerke von Bach, Beethoven, Wagner und Bruckner, die die germanische Kultur repräsentieren, war ebenso das Ziel nationalsozialistischer Ideologievereinnahmung, besonders in Bezug auf die Rassen-Politik. So wurden ‚Säuberungen' gegen jüdische, ausländische, sozialdemokratische und kommunistische Komponisten betrieben. Was sich aber auch auf dem Gebiet des Musikbetriebs eindeutig zeigt: Die nationalsozialistische Einflussnahme im Musikleben erstreckt sich wie in der visuellen Kunst auf die Hoch- wie die Populärkultur.

Viertens lässt sich über das Mittel der Inszenierung ein Gutteil dessen zuschreiben, was Hitlers Charisma ausmacht. Zu diesen Inszenierungen zählt von Anfang an Hitlers Selbststilisierung in „Mein Kampf" als ein heroischer Held mit historischer Mission. In der Umsetzung dieses selbst gebastelten Mythos bediente sich der Wahlkämpfer Hitler wie der Führer Hitler unzähliger Redeauftritte. Dazu kamen Vorgaben des Partei- und Machtapparats, der mit in Auftrag gegebenen Filmen und Fotografien das Image des Charismatikers nach dem Weber'schen Modell ganz erheblich förderte. Mit der politischen Programmschrift „Mein Kampf" hat Hitler nicht nur eine Werbestrategie zur Mobilisierung der Massen hin zu einer Volksbewegung, sondern auch ein Bild eines Führers im Rahmen der christlichen Kultur mit Beschreibungsmerkmalen von Jesus Christus in der Bibel für seinen Wahlkampf entworfen. Es sei sein Schicksal, mit seiner übermenschlichen Kraft und seinem unbändigen Willen die Armut und das Leid seines Volkes zu bekämpfen, und zwar in Funktion eines Führers, eines Retters der arischen Deutschen aus der wirtschaftlichen Krise und sozialen Unruhe. Nach der Weber'schen Theorie stützt sich ein Charismatiker nicht auf ein demokratisches politisches System, sondern direkt auf seine Gläubiger in einer Gefolgschaft. Hitlers politischer Versuch spiegelt sich in der Weber'schen Theorie, nämlich die parlamentarische Demokratie in der Weimarer Republik abzuschaffen und ein Führer-Gefolgschaftsverhältnis als germanische ‚Demokratie' zu gründen. Dafür wurde das Charisma Hitlers von der NSDAP in verschiedener Art und Weise und Umfang mit medialem Einsatz inszeniert. Die Wirtschaftskrise ist eine wichtige Zäsur. Seitdem gelang es Hitler, den Führungsanspruch und Machteinfluss der NSDAP auf nationaler Ebene durchzusetzen. Dass nach der Weltwirtschaftskrise die NSDAP von einer Splitterpartei zur Volkspartei aufstieg, verdankte es sich ganz elementar auch den unzähligen, emotionsgeladenen Reden des Parteivorsitzenden. Über die ‚Zauberkraft' Hitlers Rede lässt sich aber feststellen, dass Hans-Ulrich Wehler Hitlers Redetalent, die Zuhörer zu mobilisieren und psychisch zu beeinflussen, überschätzt hat. Die Kraft von Hitlers Rede entspringt aber keiner mystischen Macht oder einem angeborenen rhetorischen Talent, sondern es handelt sich bei ihr um reine Inszenierung, denn der Beifall für Hitlers Rede wurde von der NSDAP durch die Choreografie der Redeversammlung und über strenge Vorgaben bei der Zusammensetzung des Auditoriums manipuliert. Die Machtergreifung Hitlers zum Reichskanzler am

30. Januar 1933 gilt als eine andere bedeutete Zäsur in der Inszenierungsstrategie von Hitlers Charisma. Von da ab wurden große staatliche Veranstaltungen und Rituale abgehalten und mit innovativen künstlerischen Versatzstücken begleitet, um den Führerkult der Nation anzustacheln und das Charisma Hitlers dem Publikum spürbar zu vermitteln.

Fünftens gibt es im Kontext der Darstellungsstrategie einen ‚Dualismus' des Führers Hitler, nämlich dass er einerseits zwar durch mediale Inszenierung als ein gottgleicher Messias erscheint, er andererseits aber als ein normaler Mensch aus Fleisch und Blut präsentiert wird, um bestimmte Fehlentwicklungen und unglückliche Entwicklungen an der Front in einen vom Menschen gemachten Handlungsrahmen einzubetten. Die sich im Verlauf der ersten Hälfte der 40er Jahre mehr und mehr abzeichnende Niederlage im Krieg führt zum Verlust der Anerkennung und des Glaubens der Menschen an ihren Führer, die als Basis der charismatischen Herrschaft gilt. Je mehr Menschen im Dritten Reich die Kriegslage als unmittelbar persönliche Bedrohung wahrnehmen, desto schwieriger wird es für den Führer, die Anerkennung zu behalten. Auch die große Differenz zwischen den verfälschten propagandistischen Medienberichten und dem realen Leben der Menschen mit immer schlechteren Lebensbedingungen führen zu einem wachsenden Ansehensverlust des Führers, sodass die charismatische Herrschaft Hitlers ins Wanken gerät. Trotzdem sollte aber das oberste Ziel bleiben, die Botschaft des Führers auf allen medialen Wegen kritisch unhinterfragt zu transportieren. Das NS-Regime versuchte, durch Staatsterror die Menschen linientreu zu halten, indem es die Abschaffung der Meinungsfreiheit im Bereich der Presse, des Films, des Theaters und des Rundfunks betrieb und sich dagegen widersetzende Aktionen mit unzähligen Strafandrohungen und Verboten belegte. Die komplette Gleichschaltung und Überwachung der Presse dagegen gestaltete sich schon deutlich aufwändiger und schwieriger. Trotz der antisemitischen Aufrufe mittels zensierter Medien, die jüdischen Geschäfte zu boykottieren, wurde das Ziel nicht vollständig erreicht, die Juden aus dem Wirtschaftsleben auszuschalten, denn die antisemitische Ideologie verfing in der überwiegend arm und sparsam lebenden deutschen Bevölkerung nicht faktisch, weil die jüdischen Geschäfte ihre Waren preiswerter als viele deutsche Einzelhändler anboten. Sowohl in offizieller staatlich gelenkter Propaganda als auch in den antisemitischen Einlassungen privater Medienschaffender werden die Erpressung und die Verfolgung der Juden durch die Verbreitung von Unwahrheiten und gezielt diskreditierender Inszenierungen legitimiert. In dem antisemitischen propagandistischen Konzept der Filme und in dem Pressejargon lässt sich ablesen, dass die Juden stereotyp als sexuelle Vergewaltiger, Gesetzesbrecher und somit als eine Bedrohung für deutsche Frauen gelten. Die Deutschen werden in allen diesen Berichten immer als Opfer der feindlichen Juden mit ihrem Weltherrschaftsanspruch und der von ihnen ausgehenden Weltverschwörung beschrieben, um Hass, Wut und rassistische Hetze gegen die Juden anzustacheln.

Für eine weiterführende Untersuchung wäre es interessant, die Rezeptionsseite stärker in den Blick zu nehmen, nämlich inwieweit die Gefolgschaft des Charismatikers als Teil der Bevölkerung auf die medial inszenierte Propaganda reagierte. Dabei wäre vor dem Hintergrund des Charismakonstrukts besonders wichtig zu eruieren, wie weit die Durchhaltepropaganda im Verlauf immer größerer Niederlagen während des Zweiten Weltkriegs noch ihre Wirkung entfaltete und wie verstärkt oder weniger stark sie dabei auf den Führerkult abzielte. Denn Hitler selbst als Reichskanzler trat mit zunehmender Dauer des Krieges immer weniger öffentlich auf. Er zog sich vermehrt auf seine Domizile Wolfsschanze und Führerbunker zurück. Dagegen war er im Film noch kontinuierlich präsent. Bei der genaueren Betrachtung der Rezeptionsseite wäre auch die religiöse Dimension stärker zu verfolgen, also wie nahe charismatische Herrschaft und religiöser Glauben wirklich beieinanderliegen und wie weit das Wechselverhältnis zwischen Führer und Ideologie mit dem zwischen Messias und Religion vergleichbar ist. Dass diese Fragen von aktuellem Interesse sind, beweist die bemerkenswert hohe Zahl einschlägiger Untersuchungen aus den letzten Jahren (vgl. etwa Bärsch 1998, Barth/Osterhammel 2005, Vondung 2013, Adair-Toteff 2015).

Literaturverzeichnis

Primärquellen

Bundesarchiv [1940]: Der Spielfilm „Jud Süß" – Goebbels Meisterstück? Online: http://www.bundesarchiv.de/oeffentlichkeitsarbeit/bilder_dokumente/02211/index-8.html.de (Stand: 13.11.2016).

Breker, Arno [1936]: Zehnkämpfer. Online: http://homepage.univie.ac.at/elisabeth.trinkl/forum/forum0307/42berlin.htm (Stand: 25.12.2016).

Breker, Arno [1936]: Siegerin. Online: http://www.europaeische-kultur-stiftung.org/aufgaben/brekerbiografie.html (Stand: 25.12.2016).

Hitler, Adolf [1932]: Appell an die Nation. Online: https://archive.org/stream/AdolfHitlerAppellAnDieNationRedeDeutsch1932/AdolfHitlerAppellAnDieNationBeforeElectionSpeech_djvu.txt (Stand: 15.02.2016).

Hitler, Adolf [1941]: Mein Kampf. Zwei Bände in einem Band. München.

Hitler, Adolf [1932]: Rede auf NSDASP-Versammlung in Dresden. Online: http://www.kurt-bauer-geschichte.at/PDF_Lehrveranstaltung%202008_2009/10_Hitler-Wahlreden_1932.pdf (Stand: 15.02.2016).

Hoffmann, Heinrich [1939]: Ein Volk Ehrt Seinen Führer. Berlin.

Propagandapostkarte [1933]: Deutschlands Schicksalswende, 5. März 1933. Online: https://de.pinterest.com/pin/430867889329982939/ (Stand: 2.1.2017).

Propagandapostkarte [1928]: Brecht die Dawes-Ketten. Liste 10. Hitler-Bewegung. Online: http://www.hist-chron.com/eu/3R/propaganda-2wk.htm (Stand: 2.1.2017).

Propagandapostkarte [1939]: Dem Führer – die Jugend. Deutsches Historsches Museum, Berlin. Inv.-Nr.: Do 53/34.9. Online: https://de.pinterest.com/pin/393572454916166665/ (Stand: 25.12.2016).

Propagandapostkarte [1924]: Deutschlands Befreiung. Online: http://www.wahlplakatearchiv.de/parteien/nsdap/ (Stand: 25.12.2016).

Propagandapostkarte [1932] : Unsere letzte Hoffnung: Hitler. Online: https://de.pinterest.com/pin/308426274454589227/ (Stand: 25.12.2016).

Propagandapostkarte [1934]: Unterstützt das Hilfswerk, Mutter und Kind. Online: http://histclo.com/essay/war/ww2/tol/ger/org/nsv/hil/nsvh-mutter.html (Stand: 25.12.2016).

Der Stürmer [1936]: Das Lügenmanöver. Hinter den Kulissen des Moskauer Prozesses. Online: https://de.pinterest.com/pin/794040978020338605/ (Stand: 29.12.2016).

Sekundärquellen

Adair-Toteff, Christopher [2015]: Fundamental Concepts in Max Weber's Sociology of Religion. Basingstoke.

Bärsch, Claus-Ekkehard [1998]: Die politische Religion des Nationalsozialismus. München.

Barth, Boris/Osterhammel, Jürgen (Hg.) [2005]: Zivilisierungsmissionen. Imperiale Weltverbesserung seit dem 18. Jahrhundert. Konstanz.

Benz, Wolfgang/Eckel, Peter/Nachama, Andreas (Hg.) [2015]: Kunst im NS-Staat. Ideologie, Ästhetik, Protagonisten. Berlin.

Burke, Peter [1995]: Ludwig XIV. Die Inszenierung des Sonnenkönigs. Berlin.

Ebeling, Theresa (Hg.) [2011]: ‚Geliebter Führer'. Briefe der Deutschen an Adolf Hitler. Berlin.

Elias, Norbert [1989]: Der charismatische Herrscher. In: Augstein, Rudolf (Hg.): Spiegel Spezial: Hundert Jahre Hitler. Hamburg. S. 42–44.

Egret, Dominique (Hg.) [1996]: Arno Breker. Ein Leben für das Schöne. Tübingen.

Diller, Ansgar [1998]: Rundfunkpolitik im Dritten Reich. München.

Dümling, Albrecht [2007]: Musik. In: Benz, Wolfgang (Hg.): Enzyklopädie des Nationalsozialismus. Stuttgart. S. 191–195.

Frei, Norbert [1983]: Die Juden im NS-Staat. In: Broszat, Martin (Hg): Das Dritte Reich. Freiburg. S. 184–195.

Fox, Jo [2000]: Filming. Women in the Third Reich. Oxford/New York.

Freud, Sigmund [2015]: Massenpsychologie und Ich-Analyse. Hamburg.

Frevert, Ute [2007]: Frauen. In: Benz, Wolfgang (Hg.): Enzyklopädie des Nationalsozialismus. Stuttgart. S. 243–249.

Gerber, Barbara [1990]: Jud Süß. Ein Beitrag zur historischen Antisemitismus- und Rezeptionsforschung. Hamburg. S. 547.

GG (2007): Deutscher Bundestag. Verwaltung, Referat Öffentlichkeitsarbeit. Berlin.

Hagemann, Jürgen [1970]: Die Presselenkung im Dritten Reich. Bonn.

Haibl, Michaela [2007]: Unterhaltung. In: Benz, Wolfgang (Hg.): Enzyklopädie des Nationalsozialismus. Stuttgart. S. 198–203.

Hart, Liddell/Henry, Basil [1964]: Deutsche Generale des 2. Weltkrieg. Aussagen, Aufzeichnungen und Gespräche. Düsseldorf/Wien. S. 1479.

Herbst, Ludolf [2010]: Hitlers Charisma. Die Erfindung eines deutschen Messias. Frankfurt am Main.

Hickethier, Knut [2004]: Geschichte des deutschen Fernsehens. Stuttgart.

Hinz, Berthold (Hg.) [1989]: NS-Kunst: 50 Jahre danach: neue Beiträge. Marburg.

Koch, Hans-Jörg [2006]: Wunschkonzert. Unterhaltungsmusik und Propaganda im Rundfunk des dritten Reichs. Graz.

Koebner Thomas [2001]: „Das blaue Licht". In: Koebner, Thomas (Hg.): Film Klassiker – Band 1: 1913–1946. Stuttgart. S. 195.

Kronenberg, Volker [2001]: Patriotismus in Deutschland. Wiesbaden.

Le Bon, Gustave [2001]: Psychologie der Massen. Köln.

Nippel, Wilfred (Hg.) [2000]: Virtuosen der Macht: Herrschaft und Charisma von Perikles bis Mao. München.

Marks, Stephan [2007]: Warum folgten sie Hitler? Die Psychologie des Nationalsozialismus. Düsseldorf.

Matussek, Peter [2004]: Leerstellen als Erinnerungsanlässe. Interkulturelle, intermediale und interdisziplinäre Dimensionen eines literaturwissenschaftlichen Theorems. In: Dogilmunhak, Koreanische Zeitschrift für Germanistik. Bd. 90, H. 2. S. 73–95.

Töteberg, Michael (Hg.) [2012]: Film-Klassiker. 120 Filme (Auswahl aus dem Metzler Film Lexikon). Stuttgart/Weimar. S. 73.

Raichle, Christoph [2014]: Hitler als Symbolpolitiker. Stuttgart.

Ranke, Winfried [2007]: Propaganda. In: Benz, Wolfgang (Hg.): Enzyklopädie des Nationalsozialismus. Stuttgart. S. 27–45.

Rees, Laurence [2012]: The dark Charisma of Adolf Hitler. London.

Reichel, Peter [2006]: Der schöne Schein. Faszination und Gewalt des Faschismus. Hamburg.

Reichel, Peter [2007]: Bildende Kunst und Architektur. In: Benz, Wolfgang (Hg.): Enzyklopädie des Nationalsozialismus. Stuttgart. S. 166–179.

Stone, Shepard [1989]: Banal, begrenzt und ohne Noblesse. In: Augstein, Rudolf (Hg.): Spiegel Spezial: Hundert Jahre Hitler. Hamburg. S. 112–114.

Tremper, Marlies (Hg.) [1988]: Briefe des Soldaten Helmut N. 1939–1945. Ost-Berlin/Weimar.

Vondung, Klaus [2013]: Deutsche Wege zur Erlösung. Formen des Religiösen im Nationalsozialismus. München.

Wilke, Jürgen [1998]: Analytische Dimensionen der Personalisierung des Politischen. In: Imhof, Kurt/Schulz, Peter (Hg.): Die Veröffentlichung des Privaten – die Privatisierung des Öffentlichen. Opladen/Wiesbaden. S. 283–294.

Wirsching, Andreas [2009]: Die deutsche ‚Mehrheitsgesellschaft' und die Etablierung des NS-Regimes im Jahre 1933. In: Wirsching, Andreas (Hg.): Das Jahr 1933. Die nationalsozialistische Machteroberung und die deutsche Gesellschaft. Göttingen.

Weber, Max [1922]: Wirtschaft und Gesellschaft. 5. Aufl. Tübingen.

Weber, Max [2009]: Charismatismus. In: Max Weber Wirtschaft und Gesellschaft. Die Wirtschaft und die gesellschaftlichen Ordnungen und Mächte. Tübingen.

Weinsheimer, Stefanie [2002]: „Bergfilm". In: Koebner, Thomas (Hg.): Reclams Sachlexikon des Films. Stuttgart. S. 63.

Wehler, Hans-Ulrich [2007]: Das analytische Potential des Charisma-Konzepts: Hitlers charismatische Herrschaft. In: Anter, Andreas/Breuer, Stefan (Hg.): Max Webers Staatssoziologie. Positionen und Perspektiven. Baden-Baden. S. 175–185.

Zimmermann, Clemens [2007]: Medien im Nationalsozialismus. Deutschland, Italien und Spanien in den 1930er und 1940er Jahren. Köln.

Abbildungsverzeichnis

Abb. 1: Propagandapostkarte [1933]: Deutschlands Schicksalswende, 5. März 1933. Online: https://de.pinterest.com/pin/430867889329982939/ (Stand: 2.1.2017).

Abb. 2: Propagandapostkarte [1932]: Unsere letzte Hoffnung: Hitler. Online: https://de.pinterest.com/pin/308426274454589227/ (Stand: 25.12.2016).

Abb. 3: Propagandapostkarte [1924]: Deutschlands Befreiung. Online: http://www.wahlplakate-archiv.de/parteien/nsdap/ (Stand: 25.12.2016).

Abb. 4: Propagandapostkarte [1928]: Brecht die Dawes-Ketten. Liste 10. Hitler-Bewegung. Online: http://www.hist-chron.com/eu/3R/propaganda-2wk.htm (Stand: 2.1.2017).

Abb. 5: Breker, Arno [1936]: Zehnkämpfer. Online: http://homepage.univie.ac.at/elisabeth.trinkl/forum/forum0307/42berlin.htm (Stand: 25.12.2016).

Abb. 6: Breker, Arno [1936]: Siegerin. Online: http://www.europaeische-kultur-stiftung.org/aufgaben/brekerbiografie.html (Stand: 25.12.2016).

Abb. 7: Propagandapostkarte [1939]: Dem Führer – die Jugend. Deutsches Historisches Museum, Berlin. Inv.-Nr.: Do 53/34.9. Online: https://de.pinterest.com/pin/393572454916166665/ (Stand: 25.12.2016).

Abb. 8: Propagandapostkarte [1934]: Unterstützt das Hilfswerk, Mutter und Kind. Online: http://histclo.com/essay/war/ww2/tol/ger/org/nsv/hil/nsvh-mutter.html (Stand: 25.12.2016).

Abb. 9, 10: Hoffmann, Heinrich [1939]: Ein Volk Ehrt Seinen Führer. Berlin.

Abb. 11: Der Stürmer [1936]: Das Lügenmanöver. Hinter den Kulissen des Moskauer Prozesses. Online: https://de.pinterest.com/pin/794040978020338605/ (Stand: 29.12.2016).

Bei Fragen zur Produktsicherheit wenden Sie sich bitte an:
If you have any questions regarding product safety,
please contact:

Walter de Gruyter GmbH
Genthiner Straße 13
10785 Berlin
productsafety@degruyterbrill.com